K의 삶

조선문학수필선 9

K의 삶

김 려 성 수필집

조선문학사

■ 책머리에

인간은 아름답다고 느꼈을 때 비로소 마음의 행복을 경험합니다. 고향은 세상의 모든 아름다움과 편안함을 끌어안는 넉넉한 가슴을 가졌습니다. 고향은 미소뿐 아니라 문학, 음악, 공연이나 유행가에서도 자주 들먹이는 시어(詩語)이자, 고향은 언제나 마음속에 남아 있는 추억이며, 그리움이며 쉼터이고 안식처입니다.

우리는 함께 살고 있다는 사실을 종종 잊을 때가 있습니다. 상대방의 느낌이나 아픈 마음을 전혀 헤아리지 못하고 몇 달 몇 년을 마냥 무심하게 보내는 일도 허다합니다. 특히 북에 고향을 둔 이들은 그곳에서의 삶이 얼마나 고달픈 것이냐를 알면서도 휴전선에 가리어 잊을 때도 있으며 통일을 염원하는 것으로 자위하는 때도 있습니다.

사랑이라는 말의 원래 뜻은 '생각'이었다고 합니다. 누군가를 사랑한다는 것은 그 사람을 오래오래 생각한다는 것, 그래서 옛날 사람들은 생각한다는 것을 곧 사랑이라고 했던 겁니다.

한국전쟁은 많은 사람을 아프게 했고 사랑을 잃어버리게 했습니다. 그러나 한편으로 깊은 강물 같은 험한 세상을 헤쳐 나갈 고통과 용기와 희망을 주었습니다.

사람들은 가슴에 남모르는 희망의 씨 하나씩을 묻고 살아가고 있습니다. 그 희망이 언제 싹틀지 아무도 모르나 그는 희망의 싹이 트기를 기다리다가 아름다운 삶의 열매를 맺는 사람이 된다 합니다.

먹는 나이는 거절할 수 없고 흐르는 시간은 멈추게 할 수 없는 것이 세상의 이치입니다.

여기 실린 몇 편의 글은 그동안 우리나라 굴지의 문학지 『조선문학』에 실렸던 것과 덤으로 대학시절 연구한 학술논문을 더 시간이 흐르기 전에 묶어 보려는 것이 저의 희망이었으며 그 희망을 이뤘습니다.

이 수필집을 내기까지 조선문학사 발행인 겸 주간이시고 이 시대의 고명(高明)한 시인이시자 한서대학교 교수를 지내신 박진환 박사님의 특별한 배려가 컸으며 그 밖에 책을 출간하는데 애쓰신 모든 분들께 고마움을 드립니다.
아울러 북에서 이미 세상을 뜨셨을 부모님께 이 책을 바칩니다.

2014년 初秋

好巖 金麗成

K의 삶 contents

제2부 발자국으로 길을 내며

제3부 여름·가을 한가운데로 계절이

제1부

선비정신

연민(憐憫)

죽마고우들 안녕하신가?

나는 자네들의 어린 시절 고향친구 김길영일세. 우리 속담에 '십년이면 강산도 변한다'고 하였는데 50년이 훨씬 넘었으니 강산은 말할 것도 없고 자네들도 많이 변하였겠지?

나는 어쩌다 1950년 12월 우리나라 온 국민이 겪은 전란 통에 고향 마을 떠나 원산(元山)엘 갔다가 군함을 타고 이남 땅에 오게 되어 지금은 한국의 수도 서울에서 살고 있다네.

응호야! 용호야! 우리는 초등학교 동급생이지. 그곳에서 말하면 인민학교겠지. 우리 동네(전탄)에서 수치초등학교까지는 시오리 길이어서 왕복 삼십 리를 매일같이 함께 다녔었지. 수치(수제라고도 함)초등학교는 우리 고을 일대에서는 제일 역사가 있는 학교로 일본이나 서울, 평양, 함흥, 원산 등지의 외지에 유학생을 많이 낸 유서 깊은 아주 전통 있는 학교였지. 시골학교라 그리 크지는 않고 시설도 대다하지는 않았지만 훌륭한 인물을 많이 배출한 탓으로 그 학교를 다니는 것을 자랑으로 여겼지. 방학에 귀성(歸省)한 사각모를 쓴 선배 대학생은 얼마나 멋있었던지, 나도 커서 저렇게 늠름한 대학생이 되어야지 하고 부러워하는 선망의 대상이었지.

봄이 되면 새 학년이 시작되고 책보자기를 등에 맨 우리들은 앞으로 커서 이름 있는 마라톤 선수가 되겠다고(?) 학업이 끝남과 동시에 시오리 길을 매일 뛰어서 다녔지. 처음에는 어린 나이에 힘이 들었지만 날이 갈수록 길이 들어 안 뛰면 무언가 빠진 것 같았었지. 고개를 넘고 양지 바른 야산에 곱게 깔린 잔디밭에 오면 잠깐 쉬는 틈에 달래쫑이를 뽑아 먹었고 초여름이 되면 밭 가장자리의 뽕나무에 달린 오디를 너무 따먹어 입가는 물론 손에도 물이 들어 꺼멓게 되었으며 때로는 오디 물이 옷에까지 흘러 집에 가서 어머니께 야단맞은 적이 한두 번이 아니었지.

가을이면 밤 따다 들키어 급히 도망치다 밤 가시에 찔려 울던 일, 콩 서리와 밀 서리를 해서 실컷 먹고는 그곳에 오줌을 싸 다른 사람을 골린 일들이 주마등처럼 떠오르는구먼….

여름에는 학교에서 돌아오는 길에 강가에다 옷을 홀랑 벗어놓고 남이 무슨 상관이랴, 미역을 감았으니 우리들은 정녕 불알친구였는가 보오. 그 전탄교(箭灘橋)는 그대로 있으며 그 밑을 흐르던 물 맑고 온갖 물고기 특히 늦가을에는 물살을 가르며 힘차게 올라오는 연어들을 지금도 볼 수 있는지….

겨울에는 눈이 많이 오는 곳이라 보통 1m 정도 쌓여있어 짚신에 새끼를 칭칭 감고 삭풍과 눈을 뚫으면서 아침에 학교 가느라고 애먹던 모습도 떠오르는구먼. 지금도 그렇지만 그때도 키가 몹시 작아 상급생들의 뒤꽁무니를 꼭 잡고 차가운 바람을 피하며 등교하던 생각도 나고 많은 상급생들이 나를 귀엽다고 업어서 학교에 간 적도 많았지.

광복이 되어 태극기를 그리며 즐거워라면서 다시 한글을 배우고, 학교 대표로서 학예회 개회 인사말을 열심히 교장선생님으로부터 지도받던 일하며 그리고 학기가 9월로 바뀌어 졸업을 한 우리들은 상급학교에 진학하느라 고용호와 나는 원산 명사중학교에, 김응호 너는 문천중학교에 가게 되어 갈라지게 되었으며 1950년 전란 통에는 응호와 용호는 어린 나이인데도 군에 입대하였다고 소문은 들었으나 그 후에 보질 못했으니 안부가 무척 궁금하다네. 지금 자네들이 고향에 살고 있다면 칠십 줄에 접어드니 그곳에서 어른 행세를 할 것이며 가정을 일구어 이제는 나와 같이 할아버지가 되었을 테지. 자식은 몇이나 두었고 손자들은 몇이나 있는지?

이제는 원산의 친구 김선영, 김연의 안부를 묻겠네.

원산은 우리나라에서 손꼽는 미항(美港)이자 군항(軍港)이고 온화한 기후와 넉넉한 인심 탓인지 멀리 북쪽의 평양, 신의주, 해주, 함경북도의 청진, 경성, 회령 등지에서 많은 유학생이 와 있었지. 아마 이남으로 월남할 수 있는 길목이어서 더 많았을 걸세. 원산의 송도원해수욕장과 명사십리 해당화는 가히 세계적인 명승지였지. 각설하고 선영아! 연아! 내가 무어라 너희들을 부를 수 있을까? 우리는 3김총사로서 학제의 변경으로 중학교 2년 고급중학교 1년 반을 쭉 한 반에서 공부했고 함께 다니다 보니 서로의 장단점은 말할 것도 없고 서로의 가정도 잘 알게 되어 매일 붙어 다니면서 지내다 보니 취미도 생각도 같아지게 되었지. 특히 원산 광석동의 김연의 집에는 얼마나 큰 과수원이 있었던지, 그곳에 숨어들어 먹고 싶은 과일을 마음대로 따먹으며 숙제도 같이 하고 토론도 나누며 장래의 이상을 무한정 키웠었지. 그래서 내가 알기로는 남들이 우리를 동경도 하고 한편 시기도 하였지. 그러나 공부에는 뉘에게 질세라 열심이었으니 감히 무어라 말할 수가 없었지. 그리고 우리 반 친구들, 아직도 눈에 선한 김태웅, 석상렬, 설창업, 유린재, 이기홍 등 쟁쟁한 학우들이 많았지.

내가 이남으로 오기 전날, 그러니까 1950년 11월 30일 우리는 오랜만에 만나 앞으로 어떻게 하자고 약조하고는 다음날 다시 만나기로 한 것이 내가 그만 고종형 집에 갔다가 붙들리어 그날 밤으로 배를 타고 이남으로 오게 되어 어기게 되고 그것이 마지막으로 자네들과의 만남이 되었으니 내 죄책감은 아직도 씻을 길이 없다네.

70줄에 들어선 김선영, 김영 그리고 고향 소꿉친구 응호, 용호야! 세상은 변하여 소련을 마지막으로 사상의 벽이 무너지고 자유와 인권을 존중하는 민주국가, 민주·질서가 온 세계에 형성되고 있잖은가.

3·8선으로 갈라졌던 조국이 다시 휴전선으로 바뀌어 낡은 철조망이 혈육간의 뜨겁고 정다운 만남을 막고, 소탈하고 격의 없는 친구간의 우정을 갈라놓았지만 그것이 어찌 오래가겠는가?

오늘의 세계는 과학이 발달하고 마음만 가지면 세계 어느 곳이나 넘나들 수 있는 하루의 생활권으로 들어갔고 우표딱지 한 장이면 수억만 리 어느 곳에도 소식을 전할 수 있거늘 이것은 세계가 하나의 생각으로 접어든 것이 아니겠는가. 지금 남과 북간의 고위급회담인 장관급회담·장성급회담 그리고 적십자회담 등을 통하여 화해와 교류, 협력에 관한 일들을 엮어가고 있고 금강산은 말할 것도 없고 멀리 백두산·칠보산·묘향산도 개방하고 우리의 소망인 원산도 관광하러, 그것도 경의선과 경원선이 이어져 기차를 타고 갈 수 있을 것이라니 머지않아 우리도 해후할 수 있는 길이 열릴 것이네. 희망의 불빛을 밝히기로 하세.

북녘의 친구들아! 나는 이곳에서 우리나라 명문대학을 나와 국제적 기구인 적십자사서 책임직을 맡고 있다가 정년을 맞고 지금은 대학에서 후학을 가르치고 있고 가정을 이루어 삼남매의 아버지이며 손자 넷의 할아버지로 매일을 즐겁고 편안하게 살고 있다네. 그러나 어찌 정든 고향의 벌과 내와 산에 둘러싸인 가족 친지들에 어우러져 사는 것만 하겠는가. 사람은 온 곳이 있고 가는 곳이 있는 나그네라는 말이 새삼 떠오르네.

세월이 흘러 우리가 다시 만나는 날에는 자네들을 꼭 우리 집으로 초대할 것이니 그리하여 술잔을 나누며 회포를 풀도록 하겠으니 북쪽의 어느 하늘 아래 살고 있든지 오래오래 건강하게 살게나. 그리하여 꼭 우리는 다시 만나세.

비녀 꽂은 아가씨

어느 날 저녁 무렵, 우연찮게 탄 지하철 안에서의 일이다. 그날따라 지하철 안은 만원이고 그 아가씨는 출입문 앞에 서 있었다. 나는 요행이도 경로석에 앉아 있으려니 그 아가씨의 일거수 일투족을 볼 수 있었다.

드물게 보는 늘씬한 키에 체격도 팔등신은 아니나 몸매도 알맞아 보였고 머리도 단정하게 빗은 데다가 뒤통수에는 고운머리 틀어 올리고 비녀를 꽂고 있었다. 물론 우리 아낙네들이 꽂은 그런 비녀는 아니지만 요새 드물게 보는 나무로 된 비녀였다.

출입문을 바라보고 서 있는 그 아가씨는 출입문 유리를 통해 비치는 자기 모습을 보며 연신 머리를 만지작거리고 흐트러짐이 없도록 머리를 손으로 빗어 올리다가 뒤통수의 비녀 꽂임도 바로 질러 있는지 확인한다. 아시다시피 지하철 출입문의 유리는 어두운 지하로 들어가면 거울 역할을 한다. 그 모습이 여간 예뻐 보이지 않았다. 요사이 저런 여성이 있을까 하는 생각이 들었다. 미인 축에 든다고 여기는 그 여성은 옷도 요란하지는 않았지만 제법 구색을 맞춘 세련미가 있었다. 양장에도 비녀는 어울리는 성싶다.

비녀는 여자의 쪽진 머리가 풀어지지 아니하도록 가로 질러 꽂는 장신구다. 쪽은 시집간 여자가 뒤통수에 땋아서 틀어 올리어 비녀를 꽂은 머리를 일컫는데 비녀는 쪽을 고정시키는 것이 주목적이면서 장식의 구실도 겸하였고 재료와 형태에 따라 명칭과 용도 등이 달랐다.

우리 한(韓)민족은 태고시대부터 아름다운 것을 즐기려는 욕망을 지닌 민족임을 수천년동안 일구어온 의·식·주의 자취를 더듬어 보면 알 수 있다.

옛날의 우리 민족들은 입고[衣] 먹고[食] 거처[住]하는 것 이외에 나름대로 아름다움을 추구하여 장식(裝飾)하는 것을 알았고 이 장식은 미적(美的)인 생활을 하는데 목적이 있어 몸을 단장하여 가식(加飾)하였는데 이 가식이 곧 장신구(裝身具)다.

비녀는 일상용품에 아주 가까운 것으로 우리나라 여인네들이 머리 형태를 일정하게 하기 위해서는 반드시 필요한 것이었으며 고정시키는 덧장식을 한 경우가 많아 장신구로 분류하기도 한다. 비녀는 2종류가 있는데 잠(簪)과 채 또는 차(釵)가 그것이다. 잠은 길쭉한 몸체에 한쪽 끝이 뭉뚝하여 빠지지 않게 원봉형의 비녀머리가 있는 것이고, 채는 일종의 보조비녀로 두 가닥으로 된 U자형 몸체 위에 장식이 달려있는, 머리를 고정시키기 위하여 보이지 않게 꽂았던 것으로 대개 은으로 만들었다.

고대 우리 민족이 긴 머리를 좋게 여겨 처녀의 경우 댕기머리를 하였고 부인은 쪽머리를 하였다고 하니 쪽머리에 비녀를 꽂지 않을 수 없었을 것이다. 비녀는 쪽진 머리가 흩어지지 않도록 하는 단순한 기능으로 만들어졌으나 시대가 변하면서 점차 신분과 계절에 따라 패용할 수 있는 호사스러운 장신구로 발전하여 여러 가지 모양으로 값비싼 보석을 붙여 만들게 되었다.

옛날에는 남자도 비녀를 사용한 듯하다. 전설에 보면 용이 끄는 수레를 타고 하늘에서 내려온 해모수가 유화를 유혹한 죄로 물을 맡아 다스리는 신(神)인 하백(河伯)에게 잡혀갔다가 도망칠 때 비녀를 이용하여 가죽을 뚫었다고 하니 남자의 비녀 사용이 믿을만하다.

우리나라에서 비녀를 쓰기 시작한 것은 삼국사기(三國史記)에 차(釵)라는 기록이 나오는 것으로 보아 삼국시대부터인 것으로 보이나 다양한 모양으로 발전한 것은 조선왕조 후기 영조(英祖) 때부터인 것으로 학자나 전문가들은 보고 있다. 영조 때에 가체의 사치를 금하기 위하여 부녀의 머리모양을 쪽으로 하도록 쪽머리가 일반화되자 비녀의 사용이 일반화되었는데 비녀 머리에 장식이 있는 비녀를 꾸민잠, 별로 꾸밈이 없는 것을 민비녀라고 하였다.

비녀의 종류는 재료에 따라 금, 은, 백동, 놋, 진주, 옥(玉), 영락(瓔珞), 비취, 산호, 나무, 대, 뿔, 뼈 비녀 등으로 나뉘는데 상류사회 양반 부인들은 옥, 은, 은칠보, 도금제 비녀를 꽂았고 일반 가정의 정숙한 부인이나 여염집 아낙네는 놋, 백동, 흑각제의 두잠 혹은 민비녀를 꽂았다. 비녀의 아름다움은 재료와 형태 그리고 장식으로 가려지는데 용, 봉, 원앙, 불두(佛頭), 오두(烏頭), 어두(魚頭), 목련, 석류, 죽정, 호도, 매화대나무 잎, 말뚝, 송이버섯, 국화, 연꽃, 콩, 완두 등의 형태를 갖추고 여기에 칠보를 더하면 화려하고 아름다움이 극치에 달한다. 그래서 이 아름다운 비녀의 선물은 청혼을 나타냈다.

그날 옷섬에서
가만히 내어주신 선물
싸고 싸고 또 싸서
보드러히 감초아 두혔던 옥비녀!
파릇 산듯 눈부실 그 빛
조름긴 눈이 총명스레 밝아집니다.
말없는 이 비녀
어느 날 내 머리에 꽂으리까?
…
오늘도 남몰래
임 주신 옥비녀 만져봅니다.
나의 옥비녀
나는 사뿐히 임이 주신 이 비녀를 머리에 꽂아 새날 맞이하오리다.

여류시인 모윤숙(毛允淑)의 「옥비녀」의 한 구절이다. 소설가 박종화(朴鍾和) 선생은 『전야(前夜)』에서 여인의 아름다움을 나타내는 글로 '곱게 빚은 머리쪽에는 비취 옥비녀가 빠질 듯 위태롭다'라고 했다. 이 얼마나 멋진 표현들이랴.

비녀 이외의 머리용 장신구로는 목걸이, 귀걸이, 떨잠(떨철반자라고도 부름), 밀화호도잔, 뒤꽂이와 첨 등이 있었다.

2006년 2월 11일부터 개최된 독일영화제에 우리나라 배우 세 사람이 초청되었는데 그 중 이영애라는 여배우가 경쟁부분 심사위원으로 활동했다. 전야제에 참석한 이영애씨는 MBC 역사드라마 「대장금」으로 이미 국내는 물론 전 세계에 알려진 우뚝 선 배우로 지금 '한류' 열풍을 잠재울 줄 모르는 우리나라 대표적인 여배우다. 이 전야제에 아름다움을 겸비한 이영애씨는 우리의 전통의상인 한복을 곱게 차려입고 단아한 모습을 나타냈는데, 특히 가르마진 머리에는 기품 있는 비녀를 꽂아 세계의 내로라하는 좌중의 신사숙녀들의 탄성을 자아냈다. 역시 여인의 한복에는 비녀를 질러야만 어울리고 그 자태 또한 그윽하다.

나는 독일영화제 때 이영애씨의 그 장면을 텔레비전 화면을 통해서 보면서 지하철에서의 비녀 꽂은 아가씨를 떠올리며 우리나라 여인들의 아름다움을 다시 한 번 확인했고, 전통적으로 미적·예술적 감성이 뛰어났음을 감지했다.

지금 우리나라에서는 한국의 문화예술보다는 서양을 비롯한 다른 나라의 문화예술을 선호하는 현상이 나타난다. 국제화 시대라고는 하지만 우리 것은 업수히 여기고 남의 것을 좋아하는 문화적 사대주의가 깔려가고 있다. 어린이와 청소년들은 다른 나라의 문화예술을 훨씬 많이 배우거나 접하고 있어 그러다 보면 어느 틈엔가 서양의 것에는 익숙하고 친근한 것인 반면 우리 것은 낯설고 어색한 것이 되어버릴 것이다.

우리는 찬란하고 기품 있고 전통 있는 세계인이 찬탄하는 우리의 것을 찾아 보존하고 발전시켜 한국인으로서의 자부심, 그 후예로서의 사명감을 길러야 한다. 우리의 자세 가짐이 요구되는 때이다.

비녀 꽂은 아가씨나 여배우 이영애씨의 모습은 이 시대의 거울이다.

또 거울이 되었으면 한다. 그리하여 나는 집에서, 거리에서 한복을 곱게 차려입고 비녀를 꽂은 여인들이 기품 있게 다니는 모습을 보게 되기를 기대한다. 이것은 나만의 바람이 아닐 것이다.

상상해보는 것이긴 하지만, 한여름 풀을 먹여 빳빳하게 다린 흰 모시 치마저고리를 받쳐 입고 흰 버선에 코 달린 흰 고무신을 신은 여인이 머리에 은비녀를 지르고 사뿐사뿐 걸어가는 모습을 보면 절로 더위도 가실 것이다.

영국 속담에 '사다리를 오르려면 밑바닥부터 시작해야 한다'라고 했다. 우리의 것을 보존하고 발전시키기 위해 저변에서부터 일구어 나가야 하지 않을까.

모정(慕情)

몽매에도 잊지 못할 그리운 어머니, 어머니와 이별한지 훌쩍 50성상하고도 7년을 더 넘겼으니 이별한 때의 어머니 나이보다 더 많아졌습니다. 제 나이 지금은 70고개입니다.

어머니! 당신의 외아들 길영입니다. 차돌같이 단단하고 잘 구르라고 지은 아명은 바위돌이었지요.

어머니 아직도 살아계시고 건강하신지요? 백발이 되셨을까? 이가 성하실까? 머리는 옛날 그대로 쪽지었을까? 나는 아무래도 할머니가 되셨을 곱디곱던 옛날의 어머니 모습만 떠올리면 죄책과 그리움에 눈물만이 앞섭니다.

겨울이 가고 봄이 오고, 다시 또 사계절이 바뀌기 벌써 그 몇십 년째입니까?

단 며칠이라도, 그리운 사람을 만나보지 못하면 아쉽고 안타깝거늘, 하물며 그 오랜 세월을 바로 지척에 머무르면서 떨어져 지내다니…. 그 사무친 그리움이 이제는 가슴에 응어리져 크나큰 바윗덩이가 되어 마음 깊숙이 잠겨 옵니다.

북녘 하늘 어디엔가 살아계시며 이 못난 아들을 못내 못 잊으시고 애타하실 어머니를 생각하면 자다가도 문득 일어나 앉아 주먹으로 가슴을 치기도 합니다.

어머니! 우리 집안은 할머니, 아버지 그리고 저와 누이, 누이동생 삼남매였죠? 어머니께서는 자식들의 공부에는 유달리 극성이어서 농사를 지으랴, 집안을 꾸려가랴 그 어려움 속에서도 과일 행상을 하며 삼남매를 원산에 유학시켜 옥순이 누나는 사범전문학교를 나와 중학교 선생을 했고 누이동생 옥희는 특히 수학 천재여서 전국 중학생 수학경시대회에서 1등을 하였었고 늘씬한 키에 얼굴도 예뻐 어느 학교에서도 데려가려고 무척 애썼었는데 지금은 다 시집가고 아들딸 낳아 잘들 지내고 있겠지요. 제가 떠나올 때 아버지는 먼데 가 계셨는데 지금은 돌아와 계신지요. 그리고 모두들 고향인 전탄에 살고 계신지요? 듣건데 북녘의 행정구역이 바뀌어서 문천군에서 천내군으로 나뉘었다고 합니다만…. 철부지 고등학생이던 제가 이젠 어엿한 세 아이의 아버지가 되었으며 대를 이을 손자도 보았습니다. 할아버지가 된 것이지요.

어머니의 하나밖에 없는 며느리인 저의 처는 남쪽이 고향으로 훌륭한 가문에서 자라 현모양처로서 저를 잘 내조하여 줍니다. 늘 뵈온 적이 없는 시부모를 떠올리며 큰절을 올릴 수 있는 날을 손꼽아 기다리고 있지요.

아들 둘 중 큰 놈은 대학을 나와 장가도 가고 자식도 낳아 지금은 학원을 경영하면서 남부럽지 않게 살고 있으며, 둘째 놈은 대학원까지 다녀 박사학위를 받아 학자로서 국제적 기구에 근무하면서 대학에 나가 후학양성에 이바지하고 있습니다.

열여섯 어린 시절에 어머니 품을 떠나던 그날을 생각하면 지금도 가슴이 메입니다. 1950년 11월 말일, 어머니는 저의 학업을 계속 시키려고 아직도 안정되지 않은 백리 길인 원산으로 떠나보내면서 돌아서시며 옷소매를 적시던 것이 마지막으로 영영 이별이 되었습니다. 어찌 꿈엔들 상상이나 했겠습니까?

그날 밤 원산에 도착한 저는 고종인 청진집 관순형 집에 다니러 간 것이 끈이 되어 이튿날 새벽 고종형에 이끌려 우리 동네의 두정·원칠 형과 함께 배에 실려 이남 땅에 왔고 부산에서 부두노동, 국제시장에서의 노점상, 미군부대 간판공 등으로 생활하다가 서울로 올라와 그 옛날 고향에서 아버지의 절친한 친구이자 어머니끼리도 친구인 한강 건너 노량진의 박승훈 선생님 댁과 가회동 그리고 만리동 고모 댁, 박두정(朴斗晶)형과 방일수(方一秀)형 집, 또 때로는 대학 동창집 등을 동가식서가숙(東家食西家宿) 전전하면서 우리나라 명문인 연세대학교를 다녔으며 세계적인 기구인 적십자사에서 여러분야의 책임직으로 있다가 정년을 맞아 퇴임하고 지금은 지방의 한 대학에서 관리 책임직을 거쳐 학문을 가르치고 있습니다.

어머니! 우리 동네의 자랑거리인 단오절 날의 풍광이 보고 싶어집니다. 올해의 단오절은 아마 양력으로 6월 19일인 듯싶습니다. 짐짓 제가 할아버지가 되었으면서도 할머니, 아버지, 어머니 그리고 누이와 누이동생을 불현듯 더 보고 싶은 때는 명절 때입니다. 옛날 단옷날에는 온 마을이 축제일로서 씨름, 그네타기, 꽹과리 울리며 동네를 돌며 춤추시던 어른들의 광경이 떠오릅니다. 아낙네들은 동구 밖 다리 밑 강가에서 창포물에 머리를 감고 아이들에게 손목을 잡혀 끌리면서 늘어선 장터에서 장난감도 사주고 맛있는 먹거리도 하던 풍경이 선합니다. 단옷날의 흥겨운 놀이는 지금도 이곳에서는 예전과 다름없습니다마는 그곳에서도 여전한지요?

세상이 바뀌어 마음만 먹으면 세계 어느 곳에나 갈 수 있는 것은 말할 것도 없고 달나라까지도 사람의 발길이 닿으며, 우표딱지 한 장이면 수억 만 리 어느 나라에서도 소식이 통하거늘 지호지간에 머무르면서도 이처럼 애절한 혈육의 정을 주고받을 수조차 없다니 생각하면 생각할수록 한이 맺히고 안타까울 따름입니다.

낡은 철조망, 휴전선이 가로막고 있는 혈육 간의 뜨겁고 정다운 대화가 너무나 아쉽고, 우리의 간절한 소망을 차단하고 있는 저 엄청난 현실이 원망스럽기 그지없습니다. 과학이 발달하고 세계가 하나의 생각, 하루의 생활권으로 들어간 이때 사상의 장벽이 무슨 그리 대수로운 것이 되어 편지나 전화로 안부를 전하고 오갈 수 있는데, 두 시간 남짓하면 갈 수 있는 우리 땅 이북에 살고 계신 우리 어머니와 아버지를 뵐 수조차 없다니, 아니 소식조차 모르다니 이 분통함을 어디다 하소연하겠습니까?

만해(萬海) 한용운 선생은 "옥(玉)은 부서져도 또한 아름답다"고 하였습니다. 혈육의 정은 떨어져 있을 수록 더욱 간절하지요. 그러나 어머니! 지금 남북 간에는 고위급회담과 적십자회담 등 이런저런 만남을 통하여 화해와 교류와 협력에 관한 일들이 착착 진행되고 있습니다. 이것은 머지않아 남북 간에 헤어진 가족이 만날 수 있는 기회를 마련하는 역사로서 그리되다 보면 그리도 바라던 통일로 가는 길이 트일 것입니다.

어머니! 어느 하늘 아래 계시더라도 뵙는 그날가지 꼭 살아계셔야 합니다. 그리고 예전에 못해보신 호강을 우리 어머니도 꼭 누리셔야 합니다. 그렇게 하시는 것이 제가 못다 한 효를 다하는 길이며 불효를 씻는 길입니다. 저희 집에는 승용차를 석 대나 가지고 있으니 어머니를 태워 전국 어디에나 모시고 구경도 시켜드리겠습니다.

어머니! 몽매에도 잊지 못할 어머니! 다시 뵈옵는 그날까지 그리고 그보다 더 오래 오래, 건강하게 사시기를 불효자는 빕니다.

어머니 품은 세상에서 가장 따뜻한 집이라 합니다. 그 어머니 품에서 엉엉 울 수 있는 날을 고대합니다.

K의 삶

우리나라 최고의 명문대학을 나온 K는 졸업과 거의 동시에 입사하여 근 40년을 사랑과 평화를 이념으로 하는 국제적 기구에서 주로 보건의료분야의 관리직 간부를 거쳐 후학을 가르치고 있다.

1960년대 우리나라는 격동기요, 변혁기다. 4·19 혁명은 민주질서 확립을 위한 태동이었고 이어서 일어난 5·16 군사정변은 역사를 뒤흔드는 큰 사건이었다.

K는 서울, 부산, 마산에서 발생한 4·19 부상자들을 치료하는 행정지원자의 한 사람으로 부상자가 있는 곳을 찾아다니며 입원 중인 부상자는 그 의료기관에서 최상의 진료가 이뤄지도록 뒷받침했고 아직도 입원하지 못했거나 재가(在家) 부상자는 의료기관을 알선하는 등 그들의 쾌유에 헌신함은 물론 그 가족들의 생계를 돌보는데도 바쁜 나날이 이어졌다. 이 모든 비용은 당시 계엄사령부, 다시 말해 국고(國庫)에서 지원되었다.

당시의 우리나라 의료기술은 다른 분야도 그러했듯이 지금보다는 훨씬 못 미쳤고 시설도 미약할 뿐 아니라 대형의료기관이 적어 환자

진료에 어려움을 겪기도 했다.

재활을 위한 환자들은 국립재활원이 부산 동래에 있어, 가장 부상자가 많았던 서울에서는 비행기로 여의도 공항을 떠나 부산 수영비행장에서 앰뷸런스로 옮겨 타고 가는 괴로움을 겪었으며 그때의 비행기는 지금의 KAL이나 아시아나가 아니라 KNA였다. 물론 기종도 오늘날의 엔진 비행기가 아닌 프로펠러 비행기로 기류의 변동이 심하면 기체가 흔들려 겁을 먹을 때였다.

이런 와중에 K는 고열에 시달리는 병으로 병원에 입원하여 한 달여 치료 끝에 퇴원하게 되었으나 홀로인 K는 갈 곳이 마땅치 않아 고심하는데 당시 서울적십자병원장을 지내신 현규환 박사(미국에 거주, 지금은 고인이 됨)께서 찾아오셔서 서울 중구 신당동 자택으로 데리고 가 병후의 조리도 겸하여 약 3개월을 기숙케 하였다. 그때 현 박사님은 자택을 병원으로 겸용하고 있었다. 현 박사님이 베푸신 그 은혜는 K의 생애에 길이 간직할 것이다.

현 박사님의 호(號)는 건민(健民)으로 의사로서 우리 민족의 생활온상(生活溫床)인 「온돌(溫突)의 위생학적 연구」로 학위를 받은 이래 수십년에 걸쳐 이 나라 사학도가 미처 착안도 못한 우리 민족의 유이민사(流移民史)를 집필하여 우리 유이민에 관하여 종(從)으로는 역사적으로, 횡(橫)으로는 세계적으로 현지답사와 조사연구로 집성적(集成的) 성과를 거두었다.

상·하권 4·6배판 2,000쪽의 방대한 대작(大作) 「한국유이민사(韓國流移民史)」는 1967년과 1976년 당시 굴지의 어문각(語文閣)과 삼화인쇄(주)가 출판하였고 한국일보사가 주는 출판문화상을 수상하기도 했다.

국민의 건강하고 건전한 삶을 뜻하는 호(號), 건민(健民)이 말하듯이 현규환 박사는 근검절약을 생활신조로 하시고 남을 먼저 배려하는 자선가(慈善家)로 말년에 자녀들이 살고 있는 미국에 가시면서 한국유이민사 판매금과 가지고 있던 금액 상당액을 후학을 위한 장학금으로 기탁하시었다.

그 뜻을 받은 유지들은 그분의 호를 딴 건민정우회(健民正友會)를 결성, K도 그 구성원의 한 사람으로서 지금까지 모임을 운영하고 있다. 면면을 소개하면 서영훈 전 대한적십자사 총재께서 회장이며 조일문 전 건국대학교 총장, 강기천 전 해병대사령관, 환경분야의 권위인 연세대학교 교수를 지낸 권숙표 박사, 홍영숙 전 적십자간호대학장, 오봉렬 전 대한적십자사 서울지사 사무국장, 김기경 전 동아일보 대기자 그리고 총무인 안동대학교 교수 최은범 박사 등이다.

지금 북한에서 외국인 안과의가 주민 1천여 명을 개안 수술하여 주었다고 하여 화두가 되고 있는 백내장 수술은 우리는 1950년대 중반부터 시작했고 60년대에는 서울의대·연세의대·수도의대(현 고려의대) 안과 의료진이 전국을 누비면서 간이진료소를 마련, 시술하고는 스칸디나비아 3국이 보내온 안경도 맞추어 주었다. 백내장 수술은 의술의 발달과 의료기재의 획기적 진보로 너무나 간단히 그리고 안전하게 시술된다.

지금은 전 국민의 건강의료보험 시대로 의료의 균점이 상당히 이루어졌지만 1960년대 우리나라는 무의촌 특히 도서지역은 의료의 사각지대였다. K는 해군당국과 제휴하여 서울의 여러 의과대학과 서울적십자병원의 도움을 받아 군함을 이용하여 낙도에 도착, 무의도서 무료순회 진료를 매년 여름이 되면 실시하였는데 군함이 인천을 떠나 서해를 거쳐 남해에 이르기까지 항해하면서 의료진(의사 3~4인, 간호사 2~3인, 진료보조원 1~2인)을 떨구고 갔다가, 1주일 뒤 다시 거꾸로 올라오면서 의료진을 거두어 오는 형식이었다. 그동안 주민들을 종합 진료하고 학동들의 신체검사도 하여 준다.

당시 이 기사가 사진을 곁들여 톱뉴스로 다루어졌다.

지금이야 성형수술이 일반화되어 모르는 사람이 없을 정도로 대유행(?)이지만 1960년대 외과나 치과 영역이었던 언청이 수술은 아주 드문 때였다. 당시 우리나라에서는 연세대학교 의과대학이 효시였고 의료시설이 갖추어져 있는 곳에서 수술해야하기 때문에 주로 대도시의 적십자병원을 이용했다.

언청이는 선천적으로 윗입술뿐만 아니라 입천장까지 찢어진 환자가 있어 고도의 기술을 요하는 의술이다. 언청이 무료수술은 사회복귀의 자활에 크게 기여했다.

이밖에도 K는 국민의 고질의 하나인 백만 명 구충운동, 디스토마 예방운동에도 참여했으며 한때는 간호원(지금의 간호사)을 양성하는 간호대학에서 학생을 가르치기도 했다.

K는 잠시 보건의료사업에서 손을 뗐다. 직원의 인사와 연수교육, 국내외에 흩어진 이산가족 찾기 사업 그리고 대통령과 정부가 관심사업으로 전개한 혼혈인 직업훈련 사업을 위해 2년여에 걸친 교육시설 부지 선정과 훈련원을 건설하고 초대원장으로 기반을 마련한 뒤

보건의료분야에 복귀하여 종합의료기관의 행정과 관리책임자로 일하다가 국제기구의 하나로 전국적인 사업장을 가진 중앙부서에서 기획관리 총책을 맡았고 일선의 총책임자로서 활동하다가 다시 의료기관으로 옮겨 근 40여 년을 국민과 함께한 생활에서 정년을 맡고 퇴임했다.

1985년 10월에는 지금까지의 공이 인정되어 국가로부터 국민훈장 「목련장」을 받기까지 했다. 이것은 그때까지 이 기관의 직원으로는 아주 드문 일이기도 했다.

퇴임 후에는 전력이 인정되었는지 지방의 신설대학인 H대학교로 불리어가 학교사정을 속히 그리고 잘 알기 위해 비서실장, 재무처장을 하였으나 지금은 대학에서 배운 전공과 관련된 분야에서 후학을 가르치고 있다.

K는 그간에도 두고 온 산하(山河)와 월남인을 위하여 이북5도 고향의 명예군수·군민회장·도민회 부회장을 역임했으며 학술단체인 대한국제법학회 총무, 출판 이사를 거쳐 부회장도 맡았었다. 지금은 세계 국제법협회 한국지부의 이사직도 갖고 있다.

이제는 칠순을 훌쩍 넘겼지만 건강이 아직도 괜찮아 가정과 사회에 보탬이 되는 일을 많이 하고 싶어한다.

"불화기인(不和其人)이거든 시기우(視其友) 하라" 했다. 이것은 그 사람을 잘 모르겠거든 그 사람의 친구를 보라는 뜻이다. 행이라 할까, K는 여러 분야의 사람들과 교감을 갖고 있으니 이 어찌 즐거움이 아니겠는가? 바램이 있다면 남북이 화해되어 하루빨리 고향산천을 밟아 보고 부모형제들을 만나는 일이다.

몰아치고 감돌고 스쳐간 지난날의 흔적들을 그려보면 그려볼수록 아름답고 보람 있게 다가오는 것은 속인(俗人)의 속성이리라.

선비정신

국어사전에 선비란 '옛날에 학식은 있으나 벼슬하지 아니한 사람', '학문을 닦는 사람을 예스럽게 이르는 말' 또는 '어질고 순한 사람을 비유하여 이르는 말'이라 풀이하고 있다.

선비에 대하여 순수한 우리말로 표기한 것은 1445년 조선의 창업을 찬송하여 지은 악장(樂章)의 하나로 훈민정음으로 씌어진 최초의 작품 「용비어천가(龍飛御天歌)」에서 찾을 수 있다. 여기선 선비를 '션비'로 기술하고 한자로는 유생(儒生) 또는 유(儒)로 쓰고 있다. 그러나 고증(考證)에 의하면 멀리 고구려에 선비제도가 있었으며 그때의 선비는 나라에서 녹(祿)을 받고 학문과 무예를 닦아 전쟁에 참가하기도 하였다 한다. 그리고 신라 진흥왕 때의 국선(國仙) 즉, 화랑의 제도 역시 고구려의 선비를 모방한 것이라고 하니 이러한 선인(先人, 고구려 전기 직제의 벼슬이름)은 우리의 고유한 무사도이며, 우리 민족의 넋과 정신이라고 하겠다.

선비라는 용어의 어원이 어디에서 유래하였는지는 알 수 없으나 오래전부터 쓰였고 우리의 고유사상이 담긴 말이라는 점은 유추하여 볼 수 있다. 실제 선비와 관련된 사인(士人, 벼슬을 하지 아니한 선비)이나 어진 선비를 뜻하는 현사(賢士) 등의 명칭은 이미 삼국시대에 사용되었고 고려시대에는 벼슬을 하지 아니하고 초야에 묻혀 사는 선비라는 처사(處士) 등의 용어가 등장할 뿐만 아니라 학문을 연구하고 덕(德)을 닦는 선비의 무리인 사류(士類), 사풍(士風) 등의 집단적인 용어가 있었던 것으로 보아, 이때에는 선비들의 무리도 형성되었음을 알 수 있다.

선비는 유교사상과 깊은 관계가 있다. 삼국시대 이전부터 한자(漢字)의 전래와 함께 유교문화의 수용이 있어 고려 말 안향(安珦)에 의해 주자학이 전래된 이후 여러 대유(大儒)가 배출되면서 문사(文士)에서 벗어나 유사(儒士)로 전환되는 이가 많았다 한다. 유(儒)와 사(士)는 같은 유학의 갈래이지만 일반적으로 유(儒)는 사(士)보다 넓은 의미를 가진다.

조선시대의 성리학자 다산 정약용(茶山 丁若鏞, 1762~1836)은 이미 벼슬에 나아간 사람까지도 선비라고 일컬었으며, 선비의 기준을 인격과 도덕적 실천성에 두었다. 미루어 보면 17세기 이후 선비들은 고을에서 향리(鄕里)를 위한 갖가지 활동을 담당하였으므로 진정한 의미의 선비문화는 이때부터라고 할 수 있겠다. 실천적 유학정신을 발현한 것이다.

율곡 이 이(栗谷 李 珥, 1536~1584)는 선비의 유형을 벼슬에 나갈 경우와 그렇지 않을 경우로 분류하였으나 선비들에게 기본적으로 소중한 것은 재질이나 학문보다도 인품이라고 했다. 따라서 선비는 끊임

없이 학문을 통하여 인격함양에 힘써야 했고 도(道)를 터득하여 인간의 본성에 따르는 인도(人道)에 매진해야 했다.

선비의 직분은 도덕성의 실천도 중요하지만 궁극적으로는 사회현실에 인도를 실현하는 것이어야 한다. 그러려면 선비는 인도의 실현을 위한 정당한 현실상황 판단이 요구되고 자기의 역량과 시세(時勢)를 올바르게 살펴서 자신의 출처와 진퇴를 결정하여야 할 것이다.

이로 미루어 선비는 학문과 덕성을 갖춘 하나의 인격체라고 명명된다. 따라서 조선의 선비정신은 고결한 인격을 바탕으로 예절과 지조있는 행동을 하며 강인한 의지로 불의에 타협하지 않고 사회에 정도(正道)를 구현하는 정신이다. 또한 죽음을 불사하지 않는다는 기개와 민본주의적(民本主義的) 애민(愛民) 사상 즉 백성을 섬기는 정신이다.

선비와 관련된 어록(語錄)들은 흥미롭다. 공자(孔子)는 논어(論語)에서 "무사태평 만을 염두에 두는 선비는 선비될 자격이 부족하다" 했고, 채근담(菜根譚)에서는 선비가 권문과 요로에 있을 때에는 몸가짐은 엄정하고 명백해야 하며 마음은 항상 온화하고 평이해야 하나니 조금이라도 "비린내 나는 무리"를 따라 가까이 하지 말 것이며 또한 너무 격렬하여 독침 가진 자를 범하지 말지니라 했다. 이밖에 선비정신을 기리는 말로 "백성은 이득 있는 곳에 모이고 선비는 명분 있는 곳에 죽는다.", "여자는 사랑하여 주는 사람을 위하여 화장을 하고 선비는 자기를 알아주는 자를 위하여 생명을 버리는 법이다." 이 말들은 다 같이 선비는 정도(正道)와 명예를 위해서 죽음도 아끼지 않는다는 것이다.

우리가 보고 아는 바로는 선비는 가난했다. 그래서 '남산골 딸깍발이'란 말이 있다. 이것은 옛날 서울 남산 밑에는 가난한 선비들이 많이 살고 있었는데 그들은 맑은 날에도 늘 딸깍딸깍하는 나막신을 신고 다녔기 때문에 나온 말이다. 우리는 흔히 한갓 글만 읽고 세상일에 경험이 없는 철부지를 백면서생(白面書生)이라 하고, 반면 뛰어나고 호매한 선비는 절대호사(絶對豪士), 인격이 높고 깨끗한 선비를 고사(高士)라 칭하여 '선비 논데 용 나고 학이 논데 비늘이 쏟아진다'고 비유한다.

역사적으로 선비가 지향하는 핵심적 가치는 세속적 이익을 억제하고 성품에 뿌리 하는 것이므로 정통사회의 선비는 현대사회의 지성인이요 지도자라고 할 수 있다. 다시 말하면 인도(仁道) 정신과 정의와 의리(義理)의 정신을 실천하는 사람이다. 그러므로 선비는 어떠한 경우에도 진리와 정도에 대한 강한 신념을 갖고 있어야 한다.

도덕성의 함양과 실천에 힘쓰는 선비정신은 물질적 욕구에 타락하지 않는 청렴결백한 인품이나 인격을 배양해야 하고 정의구현(正義具顯)을 위한 강인한 선비정신은 민족정기로 승화되어 나아가, 어렵거나 위태로울 때 국난을 극복할 수 있는 원동력이 되어 주어야 한다. 구한말(舊韓末)의 의병(義兵)의 활약에까지 미쳤던 지난날 우리 민족의 수많은 충의열사는 이러한 선비정신을 각고로 하여 이룩되었다.

인간은 개인적 존재이자 동시에 사회적 존재다. 현대사회의 가치관은 개체로서의 개인의 문제에 중점을 두고 있지만 그와 못지않게 공동체로서의 사회규범에 가치를 둔다.

지금은 비록 지난 시대와 같은 선비는 없으나 선비정신은 각 분야에서 그 발현을 요구한다. 날로 심해져 가는 개인주의적 자유는 방임주의로 흐르고 공동체의식을 외면한 극단적인 이기주의로 내닫고 있으며 건전성과 균형성을 상실한 자유는 집단적 이기주의와 맹목적 투쟁주의로 흐르고 있는 것 같아 자유민주주의를 신봉하는 많은 국민들을 안타깝게 하면서 선비정신에 견고했던 과거로의 회귀를 바라고 있다.

우리 사회에는 학문을 닦은 사람, 학문을 숭상하며 그에 매진하는 사람들을 칭송하면서 새로운 시대정신을 갈구한다. 그것은 합리적인 사회변혁을 통하여 인간의 본성인 '행복'을 추구하기 위해서일 것이다. 보다 낳은 발전을 바라는 것이다. 앞에서도 언급했듯이 공자의 말씀처럼 무사태평만을 염두에 두는 선비는 선비 자격이 없다. 그렇다면 오늘에 요구되는 선비정신은 무엇이며 어디에 두어야 하는지 우리 모두 성찰할 때다.

권력과 불의에 타협하지 않고 정의를 구현하려는 선비정신은 현대사회의 여러 문제에 새로운 자극과 반성을 줄 수 있다.

지혜, 용기, 절제가 조화될 때 정의가 실현되고 또한 만인의 행복을 보장하는 이상국가가 이루어질 수 있다. 플라톤의 말이다.

애증(愛憎)

깐느(Cannes), 니스(Nice) 그리고 산레모(San Remo)는 우리들이 너무나 잘 아는 지중해에 연(沿)한 도시들이다. 깐느와 니스는 프랑스 땅이고 산레모는 좀 생소하겠지만 이태리의 도시다. 이들은 다 같이 국제적으로 알려진 휴양지로서 깐느는 국제영화제의 대명사이고, 니스는 2000년 12월 유럽연합(EU) 15개 회원국이 EU 확대 및 EU 내부기구 개혁, 유럽의회 의석 재할당 등을 규정하는 니스조약을 승인한 역사적인 곳이며 산레모는 국제가요제로 널리 알려진 작은 도시다.

17년 전 국제법관련학술원탁회의에 참석하기 위해 생애 처음으로 유럽 몇 곳을 여행하게 되었다. 9월 중순 약 2주일 예정으로 김포공항을 떠나 먼저 스위스 제네바에 들러 국제기구 방문을 마치고 학술회의가 열리는 산레모로 향했는데 놀란 것은 이미 그때 스위스는 토요일은 휴무로 심지어 식당들도 문을 닫아 식사하기도 어려웠던 일이다. 우리나라는 토요일 휴무가 본격화된 것은 약 3년 전의 일이지만, 지중해 연안은 9월 중순인데도 해수욕을 즐기고 햇볕을 쬐는 태양족이 즐비했다.

학술회의 도중 틈을 타 하루 나들이로 '로마' 여행을 시도하였는데 산레모역에서 밤차를 타고 새벽에 로마역에 닿으니 그곳은 새벽 날씨가 꽤나 추워 몸도 데우고 요기도 하려고 노점상에서 빵을 고르고 커피를 시켰더니 우리나라 소주잔만한 종이컵에 한 5밀리 정도 깔린 진한 밤색의 액을 준다. 의아해서 커피가 아니고 이것이 뭐냐고 물으니 점포주인은 볼멘소리로 그것이 커피란다. 김이 나는 따끈하게 마실 커피를 요구하니 그것은 '아메리칸 커피'라고 해야 한다며 큰 종이컵에 우리들이 흔히 마시는 커피를 준다. 서울사람이 로마에서 시골사람 꼴이 된 셈이다. 하긴 요새는 어느 시골에서도 식당에서 점심을 먹으면 으레 자판기 커피가 후식으로 나오는 때이니 격세지감이다.

1주일 동안의 세미나를 마치고 150여 명의 각국 대표, 주로 학자들은 88 서울올림픽을 성공적으로 마친 우리나라를 보고 싶다며 초청의 기회를 희망했으나 아쉬운 작별인사를 나누고 세계적 패션의 도시 이태리의 북부 밀라노(Milano)로 가기 위해 니스로 향했다. 이 학술회의에는 대한민국에서는 고인이 되신 당시 영남대학교 정운장 박사를 모시고 내가 참석했었다.

니스에서는 비행기로 밀라노에 갈 수 있는데 하루 한 번 밤 비행기밖에 없어 여비가 넉넉지 못한 주머니 사정으론 밤 비행기를 타면 저녁을 얻어먹을 수 있어 좋겠다 하였는데 그것이 아니었다.

니스비행장은 우리나라 여느 지방비행장보다도 규모가 작았고 체크인하고 보안구역에 들어가 탑승시간을 기다리고 있는 동안 넓지 않은

홀에 앉아 있으려니 나보다 먼저 들어와 있는 여행객 속의 한 여성이 일어나더니 기다림이 무료했던지 여행객 이 사람 저 사람과 인사도 나누며 좀 소란스럽게 휘젓고 다닌다. 30대 초반으로서 그리 예쁘지도 밉지도 않은 서양여자치고는 보통 키의, 몸매가 날씬한 이 여성은 아직 우리나라에서는 덜 유행하는 아래 위 헐렁한 흰색의 블라우스에 통이 넓은 '힙합'의 나팔바지를 입었는데 바짓가랑이가 얼마나 넓고 긴지 휘젓고 다니면서 바닥 먼지를 쓸고 다닌다. 그 여성의 행태를 한참 쳐다본 나는 속엣 말로 '되게 설치는군, 꼴불견이야. 서양여자들은 다 저런가' 하면서 외면했다. 이윽고 탑승 안내방송이 나오고 여행객들은 비행기에 올랐다. 비행기는 그곳 시간으로 밤 7시 30분에 떠난다. 국제선인데도 비행기는 국내선과 같은 작은 비행기다. 나의 좌석은 창측이어서 먼저 안쪽으로 자리 잡고 앉았는데 뒤에 들어온 문제의 그 여성이 공교롭게도 복도쪽 내 옆자리에 앉는다. 이 무슨 운명의 장난일까?

기내 아나운서에 이은 요란한 엔진소리와 함께 비행기는 뜨기 시작했고 그때까지만 해도 우리는 서로 거들떠보지도 않고 나는 창을 통하여 캄캄한 밤하늘을 쳐다보고 있었다. 비행기가 상공으로 올라 형평을 찾자 스튜어디스가 바구니를 들고 나오더니 캔디를 나눠주기 시작한다. 아차! 이 무슨 날벼락인가. 저녁식사를 기다렸는데 '캔디'라니, 나는 허탈해지기 시작했다. 스튜어디스는 복도 쪽에 앉은 승객에게 창가 쪽 승객의 몫까지 손에 쥐어주고 뒤로 간다. 그러자 내 옆의 문제의 그 여성이 비로소 나를 보며 캔디를 먹으라고 영어로 얘기하지 않는가…. 아까 공항의 보안구역 안에서는 프랑스어 혹은 독일어 등 어느 나라 말인지 잘 구별되지 않는 말로 지그럭댔는데 아주 상냥하고 부드러운 말로 손에 쥔 것을 건넨다. 얼떨결에 나는 그 여성이 건네는 캔디를 까 입에 넣었다. 그러려니 자연히 우리는 얘기가 시작되었고 서투른 영어로 나는 그 여성에게 어디서 왔느냐 물었고, 그 여성은 영국 태생으로 지금은 이태리 밀라노에서 산다고 한다. 이름은 '앤드리'이고, 이러다 보니 우리는 통성명하게 되었고 따라서 나도 이름을 대주고 한국의 수도 서울에서 살며, 국제학술원탁회의에 참석하고 귀국길에 밀라노에 들른다고 했다. 그랬더니 그녀는 '쎄울' 올림픽하면서 탄성을 지르고 손을 내밀면서 악수를 청한다. TV를 통해 88 서울 올림픽 장면을 열심히 보았는데 장관이었다 한다. 구라파 사람들은 독일 혹은 프랑스 어두인지 서울을 '쎄울'로 발음한다. 이런 저런 얘기 끝에 나는 홀로 여행인데 밀라노는 초행이고 서울의 여행사에서 잡아준 숙소가 밀라노 공항에서 40여 km나 떨어진 곳이어서 심야에 많은 짐을 갖고 찾아가는 것이 어려울 성싶어 부탁이 있다며 그녀에게 네가 밀라노에 산다니 시내에 하루 100달러 안팎의 호텔을 아는 곳이 있느냐 물었다. 그녀는 아는 곳이 없다며 죄송하다 한다. 그러다가 얼마 있다가 "아는 곳이 한 곳 있는데 값을 잘 모르겠다" 한다. 그러면서 '집시' 아이들의 소매치기가 심하며 자기도 밀라노에 산지가 10년이 되지만 그동안 세 번이나 당했고 이제는 밀라노 사람으로 아는지라 염려하지 않지만 특히 외국인은 거의 한 번은 당한다며 나에게 조심하라고 일러주고는 호텔까지 데려다주겠다 한다. 그러면서 자기는 작은 돈은 허리에 차고 있는 주머니에 넣고 큰 돈은 브래지어 속에 감추고 있으니 보라면서 가슴을 헤친다. 나는 차마 외간 여자의 가슴을 볼 수가 없어 망설이니 그녀는 한술 더 떠 내 손을 잡아당기면서 가슴에 대고 확인시킨다. 서양여자들은 과연 이렇게 활달한가 싶어 새삼 놀랐다. 이러는 동안 나도 그런 소매치기는 이미 듣고 있다며, 그래서 한국에서 떠날 때 100달러 지폐는 바지 안쪽에 별도의 주머니를 만들어 그곳에 넣었다고 자랑삼아 얘기도 했다.

어느덧 비행기는 목적지에 닿아가고 있었고 그때 갑자기 나의 뇌리엔 무엇인가 잘못 돌아가고 있는 건 아닌가 하는 예감이 일기 시작했다. 혹여 이 여성의 꾀임에 빠져드는 것이 아닌가 하는 의심이 생긴 것이다. 정신을 바짝 차려야겠다는 생각이 든다. 그렇다고 내색을 할 수 없어 밀라노 공항에 닿으면 무엇을 타고 시내로 가느냐 물었더니 그녀는 어쩌면 친구가 자동차를 갖고 나올지 모른다 한다. 그 순간 나는 이 여성과 헤어져야 되겠다는 생각에 나는 짐이 많아 그것을 찾으려면 시간이 많이 걸릴 터인데 어쩌냐고 하니 그녀는 자기도 화물이 많으니 같이 찾으면 된다 한다. 이러니 점점 의심은 깊어가고 진퇴유곡에 빠졌다.

밤 9시쯤 비행기는 밀라노 공항에 닿았다. 비행기에서 내린 우리는 나란히 화물 찾는 데로 갔고, 찾은 화물을 수레에 실었다. 나는 억지로 태연한 척했으나 속은 겁을 먹고 있었다. 그러자 그녀는 수레를 끌고 앞을 서며 따라오라 한다. 뒤를 따라가던 나는 공항청사 정문을 나서는 것이 아니고 그녀가 으슥한 옆길로 들어서는 것에 멈칫했다.

그러자 그녀는 뒤를 돌아보며 손짓을 하는데 불빛이라곤 없는 약간 경사진 길을 앞서 간다. 나는 겁이 났지만 이젠 어쩔 수 없는 길로 접어들었다. 마음은 두근 반 세근 반 두근거렸지만 죽기 아니면 살기다 마음먹고 그녀의 뒤를 따랐다. 얼마나 걸렸을까. 얼마를 가니 먼발치에 희미한 불빛 아래 덩치 큰 남자가 서 있고 점점 가까워지니 그녀는 끌고 가던 수레는 아랑곳 하지 않고 달려가서 그 남자의 품에 안긴다. 뒤따르는 나는 염두에 없는지 부둥켜안은 두 남녀는 키스를 퍼붓는다.

겁에 질려 있는 나는 그들의 행동에 정신이 팔려 있었고, 한참만에 해후(邂逅)를 즐기던 그들은 정신이 들었는지 그녀가 남자의 품에서 떨어지며 그 남자에게 나를 소개한다. 비로소 우리는 악수로 인사를 나눴는데 그는 키가 나의 배 반이나 되고 어깨가 딱 벌어진 우람한 체격의 눈이 부리부리한 미남형의 청년으로 그녀보다 조금 어린 연하(年下)의 남성으로 보였으며 악수하는 손에 움켜쥐어진 내 손은 힘을 못쓴다. 그때 나는 완전히 그에게 압도당했고, 이젠 꼼짝없이 당하는구나 하는 생각과 함께 무사히 귀국할 수 있을까? 하는 두려움에 몸이 떨리기도 한다. 그러나 어쩌랴. 그 남자는 갖고 온 소형자동차의 트렁크를 열더니 그녀의 짐과 함께 내 짐을 그 안에 싣는다. 그리고 차 뒷문을 열면서 타라고 몸짓을 한다. 그녀는 앞의 조수석에 앉았고 차는 공항청사의 어두운 그곳을 빠져나와 어딘가로 달리기 시작한다. 나는 비록 푹신한 자동차 뒷좌석에 앉아있지만, 이때부터는 내 뜻대로 할 수 있는 것은 아무것도 없다. 오직 운전대를 잡은 그 청년의 움직임에 달렸다. 조수석에 앉은 그녀는 남자와의 만남이 그리도 즐거운지

연신 지껄이며 팔로 청년의 허리를 감기도 하고 볼에 얼굴을 비비며 야단이다. 꼭 사고가 날 것 같아 불안하나 청년은 그녀의 그런 태도에도 나무람 없이 받아주며 차를 몬다.

차는 공항을 나와 시내로 가는 길에 들어선 것 같은데 밤인데도 가로등이 아주 드문드문 있어 바깥을 구분할 수 없다. 나는 옛날은 아니지만 한때 고려대학교 총장과 국무총리를 지내신 고 김상협 박사를 모신 적이 있다. 어느 날 그분은 점심을 나누는 자리에서 북한의 실상을 얘기하시다가 동아일보사가 발행한 최은희·신상옥 씨가 쓴 『김정일 왕국』을 읽어보라 말씀하시길래 책을 구입하여 읽은 일이 있었다. 알다시피 그 책은 한때 우리나라 영화계의 거성으로 배우·감독자이어서 북한에 두 번이나 납북 당했다가 탈주 귀환한 분들로 납북과 탈주할 때의 양상을 쓴 일종의 기록물로 특히 신상옥 감독은 납북 당할 때 주로 밤에 이동하였는데 그때마다 후일을 위하여 거리의 간판이나 광고문을 새겼고 그것이 탈주할 때 크게 도움이 되었다는 것이다.

이때 나는 김상협 박사님의 그 말씀을 떠올리고 혹시나 있을 사태에 대비하여 차 속에서 무사를 기도하면서 한편으론 슬금슬금 길 양편의 간판을 보았으나 앞에서 말한 바와 같이 가로등이 많질 않아 희미한데다 간판 글도 영어가 아닌 이태리 말이라 알 수가 없어 허탈했다. 두 남녀는 지껄이며 전진하고 있었으며, 느낌으로 말투나 몸짓이 나를 해칠 것 같지 않아 보였고, 차 소리가 점점 많이 나기 시작하고 길거리 불빛도 밝아지는 것으로 보아 시내로 들어서는 느낌이 들며 혹시나 하는 공포감이 조금씩 사그라들기 시작한다. 그러나 마지막까지는 근심이다. 밀라노 공항에서 시내로 들어오는 시간은 30여 분인데 그때의 심경은 일일여삼추(一日如三秋)였다. 그야말로 공포 속에 시간 흐르는 것을 기다리는 것이었다.

이젠 버스 소리도 나고 전차(電車)의 땡땡 소리도 난다. 밀라노의 밝은 도시 거리가 눈에 들어오고 밤거리를 활보하는 사람들이 보이니 마음이 한결 놓이고 이윽고 우리가 탄 차는 시내 한복판의 어느 큰 빌딩 앞에서 멈추며, 그때야 그녀는 나를 의식하였는지 뒤를 돌아보며 다 왔다고 소리친다. 이때 비로소 나는 살았구나 안도했다. 그러면서 그녀는 이곳이 자기가 말하던 그 호텔이라며 들어가 보란다. 나는 아직도 의심이 풀리지 않아 짐을 차에 그대로 두고 혼자 들어갈 순 없어 그녀로 하여금 들어가 알아보고 오라 했다. 그녀는 순순히 내 말대로 호텔로 들어갔다 오더니 방이 하나밖에 없는데 하루 숙박비가 300달러라 한다. 그러면서 빨리 결정하지 않으면 그마저도 놓칠 것이라며 재촉한다. 그래서 유비무환(有備無患)이라 그녀를 끌고 호텔 안으로 들어갔다. 그런데 이게 웬일인가? 밤 11시 가까이 되었는데 그 넓은 로비에는 사람이 꽉 차있고 사교장인양 떠들썩하다. 예약석 앞으로 갔더니 배가 불룩 나온 거구의 지배인은 이 여성이 부탁하여 룸을 비워놓고 있으니 빨리 정하지 않으면 저 속의 다른 사람에게 돌아간다고 거만하게 말한다. 마치 하려면 하라는 투다. 물러날 수 없는 순간이었다. 그 순간 하룻밤 300달러라는 숙박비가 마음에 걸렸지만 이 밤중에 저 많은 짐을 갖고 길도 모르는 예약된 호텔을 찾아가야 하는 어려움과 택시비, 그리고 예기치 않은 위험 등을 생각하니 뭐니 뭐니 해도 안전이 최상이라 생각해 OK하고 결정했다. 그랬더니 지배인은 아침식사는 30달러라고 덧붙인다. 차로 돌아온 우리는 차 트렁크에 실었던 짐을 꺼내고, 나는 그들과 헤어지게 되었는데 그녀는 마음에 드는 곳을 소개해주지 못해 미안하다며 편히 보내다가 귀국하여 늘 행복하라고 아주 애교 듬뿍히 영어로 인사를 건넨다. 그러면서 다시 몸조심을 당부하면서 이별의 악수를 청한다. 그 순간 나는 그녀의 보드라운 손 감촉에 젖어들며 정말 고마운 여성이라 느꼈고, 차를 태워준 그 남자와도 뜨거운 악수를 나눴다. 나를 떼어놓은 그들은 손을 흔들며 헤어짐을 아쉬워하곤 차를 몰고 멀어져 갔고, 나는 먼발치까지 그 차를 응시하며 고마워했다. 부디 두 사람이 행복하길 빌었다.

졸리(Jolly)호텔은 꽤 고급 호텔로 시설이 최상급이었고 세계 여러 곳에 체인이 있으며 그때가 마침 세계직물박람회가 밀라노에서 열려 세계 여러 나라 의류관계 인사들이 몰려들고 그래서 숙박료도 여느 때보다 거의 배나 비싸도 호텔 잡기가 어렵다 한다.

방에 들어 짐을 챙기고 침상에 누워 눈을 감고는 요 몇 시간 동안의 여러 상황을 떠올리며 씁쓰레 웃었다. 별로 볼품없는 동양인인 나를 위해, 함께 자리한 인연으로 편의를 주었는데 잠시나마 그들을 이상한 눈으로 보고 의심을 품었으니 죄책감에 사로잡힌다. 얼마나 고마운 여성이었는데 다시 만나는 게제가 있다면 내가 받은 몇 배를 갚아야 한다고 생각했다. 역지사지(易地思之)다.

밀라노 여행은 그곳에서 북쪽에 있는 '솔페리노'로 가기 위함이었는데 솔페리노 언덕에는 적십자의 창시자로 제1회 노벨평화상을 받은 앙리・뒤낭옹이 묻혀있다.

20년 가까이 되는 지금 생각해도 영국 여성 앤드리는 수식이 없는 활달한 여성이어서 가끔 떠오른다. 이것이 애증(愛憎)일까?

해후(邂逅)

"아르헨티나에서 오셨습니까?"

"네, 브에노스 아이레스라고 아르헨티나의 수도지요. 그곳에서 관광차 왔습니다."

"혹시 주장하 씨를 아시는지요?"

"주장하 씨요. 알고말고요. 잘 알지요. 함경도 양반으로 부산에서 살다가 왔는데 중학교 선생님이었다고 들었습니다."

"맞습니다. 부산의 모 고등학교에서 영어선생이었지요."

아르헨티나(Argentina)는 남아메리카 남부 대서양 연안의 공화국으로 농업과 목축의 나라다. 말과 쇠고기를 주로 생산하는데 우리들에게는 '아르헨티나 탱고'로 잘 알려져 있다.

19세기 말에 발달한 아르헨티나 탱고는 4분의 2박자의 리드미컬한 탱고음악 또는 그에 맞추어 추는 춤이 일품이다.

1995년 3월 중순, 나는 세계평화의 전당인 유엔 창설 50주년 국제학술대회에 참석하기 위해 난생 처음으로 미국의 로스앤젤레스를 거쳐 미국 최대의 도시로 세계경제의 중심지 뉴욕으로 갔다. 동행은 우리나라 국제인도법(國際人道法)의 권위자인 최은범 박사와 함께다.

그 학술대회에는 우리나라 국제법의 태두로 고인이 되신 서울대학교 배재식 박사를 비롯하여 한양대학교 교수이시던 박치영 박사, 현재 유엔해양법재판소 재판관 박춘호 박사와 최은범 박사 등 나와 모두 다섯이 유엔 주재 한국대사의 환영을 받으며 참석했다.

학술대회는 유엔본부 내 총회의장에서 열렸는데 건물 둘레에 게양된 유엔회원국 국기 속에 태극기가 선명하게 휘날리니 감격하여 가슴이 벅차고 뭉클했다. 놀란 것은 유엔 각국 대표와 세계의 명사들이 자리하는 총회의장의 집기나 비품들이 그리 고급스럽거나 화려하지 않는 것이었다.

학술회의가 거의 끝나가는 어느 날, 나는 하루를 택하여 뉴욕 관광에 나섰다. 우리가 묵은 곳은 맨해튼의 우리 교포가 경영하는 스탠포드 호텔이었는데 아침에 지배인의 안내로 시티투어 버스를 타니, 복도를 낀 옆 좌석에 경상도 사투리를 쓰는 중년의 부부가 타고 있다. 외국인도 많이 타고 있었지만 이국에서 동족을 만나는 기쁨에 인사를 건네고 얘기를 나누다 보니 그 부부는 아르헨티나에서 왔다 한다. 그래서 혹시나 하여 1970년대 초에 아르헨티나로 이민한 주장하 형이 생각나 그분들에게 물었더니 뜻밖에도 안다는 것이다. 나는 너무 기뻐 주장하 형의 근황을 다시 물었다. 그랬더니 그분들은 아르헨티나의 수도 브에노스 아이레스에 살면서 가깝게 지냈으며, 한국에서 함께 온 부인이 사별하자 호텔 사업을 접고 자녀들과 함께 캐나다 밴쿠버로 재이민했다고 한다. 아! 이것이 웬 횡재인가! 나는 그때 뉴욕에서 워싱턴과 오클라호마를 거쳐 캐나다 벤쿠버로 가게 돼있었다.

로스앤젤레스에서는 고등학교 동창 이원길 학우를 만나 공항에서부터 그의 자동차로 최은범 박사와 함께 우리들의 대선배이시자 나의 은인이신 현규환 박사가 입원하고 계신 노인병원을 방문하고 시내관광과 할리우드를 견학하였고, 워싱턴에는 고종 방일수 형님과 동향이자 같은 고등학교, 같은 대학을 수학한 최경식 학우, 오클라호마에는 역시 고등학교 동기로 서울대학교를 나온 붕우 윤세범 장로가 있어 찾아가는 길이다. 캐나다 밴쿠버에는 직장 동료였던 동재 정성근 형의 아들이 그곳에서 사업을 하고 있어 나의 여행을 위해 미리 가 나를 기다리고 있었다.

너무나 기쁜 나머지 나는 그 부부에게 며칠 후 밴쿠버에 가는데 만나보려 하니 주소나 전화번호를 알려주면 고맙겠다 하니 지금은 갖고 있지 않으나 저녁에 호텔에 돌아가 찾아보고 알려주겠다 하여, 내가 묵고 있는 호텔 전화번호와 방 번호를 알려주었다. 그날은 그들 부부와 함께 뉴욕 스퀘어가든, 자유의 여신상, 미국 금융계의 중심지인 월가, 마천루(엠파이어스테이트빌딩, 381m) 등 뉴욕 시내 번화가를 두루 구경하고 호텔로 돌아오니 밤에 그분들이 전화로 주장하 형의 캐나다 밴쿠버의 집 전화번호를 알려준다. 나는 고맙다는 인사를 몇 번이나 되풀이하고 한 방의 최은범 박사와 "살다보니 이런 뜻하지 않은 일도 있다"며 이국에서 사십여 년 전 친하게 지내던 친구를 만날 수 있게 됐다며 기뻐했다.

주장하 형은 1950년 6월 한국전쟁이 일어나고, 1·4 후퇴 때 10대

후반의 나이로 북쪽인 함경남도 함흥지역에서 학교를 다니다 홀로 남쪽으로 내려온 피난민이다. 나이는 나보다 두세 살 위이나 총명하고 지적인 분이다. 나도 이북에서 온 피난민이라 우리는 당시 부산의 범일동에 자리한 한국에서는 제일 규모가 큰 미 육군 제55보급창 '페인트 숍'에서 만나 약 2년여를 한 사무실에서 동고동락했다. 그때 페인트 숍에는 직원이 건축설계사까지 합쳐 10여 명이 있었는데 독일 태생 살(Sale)이라는 미군 하사가 책임자로, 대학까지 나온 지식인이어서 서로 인격적으로 대해주는 좋은 분위기에서 일했다.

우리는 전쟁 중이라 일선은 말할 것도 없고 남한 전역의 미군 관련 기지와 때로는 일본 주둔 미군부대에도 부착하는 간판을 쓰는 일이 주업무였는데 주장하 형은 글씨를 잘 쓸 뿐만 아니라 영어도 이미 그 때 능해 칭찬의 대상이었고, 그밖에 함께 일한 분들 중에는 그 뒤 주요 신문사의 편집국장이 되신 분, 지금도 유명한 화가로 활동하시는 분 등이 있다. 나도 글씨에는 한몫하는지라 주장하 형과 내가 먼저 미 육군성이 인증하는 '사인 페인터(Sign painter)' 자격증을 받았다. 이로 인해 우리는 경쟁자면서 호형호제하는 사이가 되었고 그러자니 많은 추억을 남겼다.

전국이 다소 안정되고 배움이 그리운 우리는 대학으로 진학하게 되었고, 졸업 후 주장하 형은 결혼과 동시에 부산의 모 고등학교 영어교사로, 나는 서울에서 직장을 다니게 되어 헤어져 있다가 그는 미국이민이 여의치 않자 우회이민을 생각해 아르헨티나로 간 것이다.

뉴욕에서 동행인 최은범 박사는 먼저 귀국하게 되어 나 혼자 워싱턴을 찾게 되었다. 미국의 수도 워싱턴의 최경식 학우는 포토막(Potomac) 고급주택가에 저택을 갖고 있어 고국의 성직자들이 가끔 신세를 지고 있다 하며 나도 하루를 묵었다. 워싱턴에선 여행사를 하는 조카 방용선 군의 안내로 방일수 형님, 최경식 학우 등과 백악관, 미의회 의사당, 진귀한 동굴 등 굵직한 곳을 볼 수 있었으며, 하루는 나 혼자 세계적 명소인 나이아가라폭포와 역시 세계에서 제일 작다는 대서양 가는 길에 자리한 초미니 교회도 구경했다. 그 교회는 길가에 있는 자그마한 목조건물로 10여 명이 앉아 예배한다. 지금은 텍사스로 이사한 오클라호마의 윤세범 장로 집은 시내 번화가에서 좀 떨어져 있었는데 이틀을 묵으며 그의 자동차로 여러 곳을 관광하였다. 감명 깊었던 것은 지난 한 세기 세계적으로 선풍적 인기를 몰고 다녔던 미국의 명배우 존 웨인의 고향(?)이라는 별로 크지 않는 그 기념관이 눈길을 끌었다.

3월 하순 드디어 마지막 기착지 캐나다의 밴쿠버에 갔다. 공항엔 정성근 형 내외와 그분의 처남이 차를 갖고 나와 마중하여 주었다. 날씨는 조금 쌀쌀하였고 먼 산에는 눈이 덮여 있어 아름다운 운치를 자아낸다. 넓은 땅인데다 바다를 끼고 있어 하늘은 파랗고 들이마시는 공기가 아주 시원하다.

호텔에 여장을 푼 나는 곧장 알고 온 전화번호로 주장하 형 집에 전화를 걸었다. 긴가민가하였으나 주장하 형이 전화를 받는다. 몇십 년 전의 목소리 그대로다. 내가 누구라 얘기하니 깜짝 놀라며 "어디냐?"고 묻는다. 처음에는 한국에서 전화한다고 했다가 곧바로 오늘

이곳에 도착했고 호텔에서 전화한다 했다. 호텔 이름을 물은 그는 얼마 있지 않아 자동차를 갖고 호텔로 왔다. 근 30여 년 만의 그는 60 중반인데도 큰 변화가 없었고 우리는 만남이 기뻐 부둥켜안고 만남의 기쁨을 나눴다. 주형은 가슴이 벅찬지 눈시울을 붉히기까지 한다. 이런 것을 해후상봉(邂逅相逢)이라 할까! 전혀 예기치 않았던 일로 인해 뜻밖에도 그것도 먼 이국땅에서 서로 도우며 지내던 옛 친구를 만난다는 것은 상상이나 한 일인가? 옆에서 지켜보고 있던 정성근 형은 신기한 듯 싱글벙글 웃으며 쳐다보고 있고, 한참 만에 떨어진 나는 이렇게 만나게 된 저간의 정황을 얘기하면서 세상에는 우연이라는 것도 있어 재미를 더해준다며 즐거워했다.

인생길 가노라면 누구나 힘이 들고 지칠 때가 있다. 그 힘든 길에 말벗이 되어주는 친구가 있다면 인생의 여정이 험난하여 포기하고 싶어지더라도 그와 함께 헤쳐 나갈 용기가 샘솟을 것이다. 그 힘든 길 진정한 동반자적 친구가 있다면 조금은 위안이 될 것이다.

사흘을 그곳에서 머무르는 동안 주장하 형은 사업도 뒤로 하고 자동차로 산과 계곡 그리고 유원지 등 볼만한 곳을 찾아다니며 정성근 형과 나에게 맛있는 음식도 사주며 관광시켜 주었다.

그때 나로 인해 초면이던 동재 정성근 형은 아들이 그곳에 살고 있어 자주 왕래하다보니 나보다 둘 사이는 더 가까워지고 있다. 굴러들어온 돌이 박힌 돌을 뺀 셈이다. 그래도 정겨운 일이다.

비록 화려하고 화사한 젊음은 갔으나 자녀들을 다 성가시키고 일을 하며 즐겁게 사는 그의 인생의 향기(香氣)는 아름답고 더 그윽하다.

그러나 그에게도 조국 대한민국에 대한 그리움과 애틋한 마음은 가시지 않고 남아 있었다.

회자정리(會者定離)라 사람은 만나면 헤어짐이 세상사의 이치요, 덕불고필유린(德不孤必有隣)이라 덕 있는 자 외롭지 않고 반드시 따르는 이웃이 있느니라 했다.

지금도 우리는 전화와 편지로 인생의 황혼 길을 살펴주고 있다.

송도삼절(松都三絶)

송도(松都)는 개성의 옛 이름이다. 광복 이후 북위 38도 바로 남쪽에 자리한 남한 최북단의 도시였던 것이 6·25전쟁으로 휴전선 북방의 북한 최남단 지역에 들어간 도시가 유서 깊은 개성시(開城市)다. 서울 북서쪽 78km 지점, 한강(漢江)과 예성강(禮城江) 하류에 발달한 좁은 개성분지에 위치하는데, 북쪽 송악산(松嶽山)을 진산(鎭山 : 나라의 도읍지나 각 고을의 뒤에 있는 큰 산)으로 하여 그 동·서에 솟은 용호산(龍虎山)과 진봉산(進鳳山)을 청룡(靑龍)·백호(白虎)로 삼고, 남쪽은 한강 하류 평야에 이어지는 배산임수(背山臨水)의 형으로 한 나라 수도(首都)로서의 지세(地勢)를 갖추고 있다.

꽃향기 섞인 봄바람이 코끝에 살랑이는 지난 4월 말, 몇몇 동지들과 개성을 주마간산(走馬看山) 하였다. 918년 고려태조(高麗太祖) 왕건(王建)으로부터 공민왕(恭愍王)에 이르는 34대(代) 근 500년간 고려의 도읍지(都邑地)였던 개성 가는 길은 국경(國境) 아닌 휴전선을 넘어가는 길이건만, 아니 성문이 열렸다는 개성 가는 길은, 아침 8시 도라산에 위치한 남측 출입사무소에서 신분을 확인 받고 관광증을 받아 목에 패용하고는 수화물 X-ray 검색대 통과 등 세관수속을 마치고 안내에 따라 버스에 타고 약 30분 뒤에 북측 출입사무소에 도착하여 북한입경수속을 밟았다. 일련의 출·입 절차는 간단하였지만 외국에 들어가는 느낌이고, 휴대전화, 고배율카메라, 망원경, MP3, 라디오, 남측 인쇄물(신문·잡지) 등은 반입이 제한되어 남측 출입사무소에 보관시킨다. '관광증'은 개성출입 여권 및 비자와 같은 역할을 하는 유일한 신분증으로 낙서하거나 훼손하면 위반금(違反金)을 물게 되고 늘 목에 걸고 다녀야 한다. 우리를 태운 버스는 개성공업지구(개성공단)를 지나 3시간 반쯤 달려 먼저 북측 국가지정 제76호 명승지 '박연폭포(朴淵瀑布)'에 닿았다. 개성 시내에서 북쪽으로 27km 지점에 위치한 박연리(朴淵里)에는 천마산과 성거산 사이를 흐르는 계곡물이 모여 연못을 이루고 그 아래로 37m 낙수의 박연폭포가 있다. 아호비령산맥의 험준한 골짜기로 흘러내리는 박연폭포는 송도삼절(松都三絶)의 하나이며 금강산의 구룡폭포, 설악산의 대승폭포와 함께 우리나라 3대 명폭(名瀑)으로 꼽힌다.

폭포 위에는 너럭바위가 바가지 모양으로 패어 이루어진 둘레 24m, 깊이 5m 정도의 '박연'이라는 연못이 있으며, 폭포 밑에는 폭포수로 패인 둘레 120m의 연못인 고모담(姑母潭)이, 그리고 고모담의 서쪽 기슭에는 용바위와 범사정(泛斯亭)이라는 정자가 있다. 폭포는 남쪽의 깎아지른 듯한 벼랑과 사방에 병풍처럼 둘러선 층암절벽에 안기어 절경을 이룬다. 용바위엔 우리가 너무나 잘 아는 개성 명기(名妓) 황진이(黃眞伊)의 초서체(草書體) 필적이 남아 있어 보는 이의 눈길을 끈다. 이 초서(草書)는 황진이가 머리채를 휘둘러 썼다 하니 그녀의 재주를 짐작케 한다.

폭포 주변에는 고려 때 쌓은 대흥산성과 성의 북문, 관음사(觀音寺), 대흥사((大興寺) 등의 소중한 유적들이 즐비하다. 또한 일대는 크낙새 보호구역으로 지정되어 있기도 하다.

북한의 국보유적 제142호인 관음사는 박연리 대흥산성 북문을 통해 약 1km를 오르면 관음사 대웅전이 그 단아한 자태를 드러내고, 대웅전 옆 관음굴에는 유백색 대리석으로 조각한 높이 12m 정도의 관세음보살이 있고, 대웅전 서쪽에 7층 석탑이 있다. 관음사는 970년(고려 광종 21년) 법인국사(法印國師) 탄문(坦文)이 처음 세우고, 1393년(조선 태조 1년)에 크게 확장하였으나 1477년 산사태로 무너진 것을 1646년(인조 23년)에 다시 세웠다. 현재의 것은 1797년(정조 21년)에 중수한 것이라 한다.

개성 음식은 담박하고 정갈하여 품위 있다. 그러면서 맛 또한 일품이다. 다양한 토속음식이 많지만 익히 아는 새알떡국이나 보쌈김치와 신선로는 너무나 유명하다. 개성 남대문 북쪽에 위치한 개성민속여관은 조선시대 전통가옥단지를 여관으로 개조하여 쓰고 있다. 총 50동, 3등급으로 구성(1등실 2동, 2등실 6동, 3등실 42동)된 숙박시설로 온돌방에 전통 침구를 구비하고 있으며 여관 내 민속식당에서는 반상기, 닭곰, 약과 등 토속음식을 즐길 수 있다. 민속식당은 1호에서 8호까지 있고 한번에 1천 명을 수용할 수 있다 하며, 우리는 이 식당 1호에서 한복을 곱게 차려 입은 단아한 여성 안내원의 영접을 받으며 점심을 먹었는데 반상기(飯床器)가 15개로 자그마한 반찬그릇 13개와 밥과 국그릇 모두가 놋그릇이어서 맛을 더해 주었다. 조미료 등 우리의 입맛과 다르다 하나 나는 갖가지 반찬과 국이 얼마나 정갈한지 하나도 남기지 않고 그릇을 말끔히 비웠다. 밥은 흰 쌀밥이다. 민속식당과 전통가옥단지를 가로 지르는 실개천을 따라 조성된 산책로는 고풍의 미(美)를 한껏 느낄 수 있는 흥미로운 볼거리다.

오후의 첫나들이는 개성시 선죽동 자남산 아래에 자리 잡고 있는 북한의 국보유적 제128호 숭양서원(崧陽書院)이다. 1573년(선조 6년) 개성 유수(留守 : 조선시대 수도 이외의 요긴한 곳을 맡아 다스리던 외관직) 남응운(南應雲)이 유림(儒林)들과 협의 끝에 포은(圃隱) 정몽주(鄭夢周)의 충절(忠節)을 기리고 서경덕(徐敬德)의 학덕(學德)을 추모하기 위해, 개성 선죽교(善竹橋) 위쪽 정몽주의 집터에 서원을 세우고 문충당(文忠堂)이라 했다. 1575년 문충당에 '숭양(崧陽)'이라는 사액(賜額)이 내려져 국가가 공인한 서원으로 승격되었고, 1668년(현종 9년) 이후 김육(金堉), 조익(趙翼), 우현보(禹玄寶) 등을 추가로 배향(配享)하였다. 경내에는 사당, 강당, 동·서재(東·西齋), 내·외삼문(內·外三門)이 있어 관광객들의 발길이 끊이지 않는 곳이다. 흥선대원군(興宣大院君)의 서원철폐령에서도 제외된 47서원의 하나로 남아, 선현(先賢)을 봉사(奉祀)하고 지방교육을 담당한, 임진왜란 이전에 건축된 서원의 전형적인 배치 형식과 구조를 알 수 있는 귀중한 유적이다.

개성하면 우리 국민 누구나 '선죽교(善竹橋)'를 떠올린다. 돌다리 중 최고(最古)의 다리인 북한 국보문화유물 제159호 선죽교는 개성 선죽동 중심부의 자남산 남쪽 개울에 있으며, 919년 고려시대에 축조된 건축물로 1392년 정몽주가 이방원에 의해 피살된 장소로 유명하다.

최초 다리를 축조하였을 때는 선지교(善地橋)라 불렀다가 정몽주의 죽음 이후 핏자국이 지워지지 않고(?), 피살되던 날 밤 다리 옆에서 참대가 돋아났다 하여 대나무 죽(竹)자를 넣어 선죽교로 고쳐 불렀다. 다리의 길이는 6.67m, 너비는 2.54m이며, 원래 없었던 난간은 1780년 정몽주의 후손들이 다리를 보호하기 위하여 만들어 놓았다 한다. 다리 옆에는 명필 한석봉의 필체가 새겨진 비각 등 3개의 비석이 서 있고, 길 건너편 표충각(表忠閣) 안에는 강직한 충신의 원혼을 달래고, 널리 칭송하기 위한 정몽주의 사적(史蹟)을 새긴 비석 2기(基)가 서 있다.

송악이 품은 관음비경 참으로 아름답고
구름 떨친 송백 더욱 푸르고 푸르구나!

송악산(松嶽山)을 바라보고 읊은 어느 분의 감탄이다. 부소갑(扶蘇岬), 곡령(鵠嶺), 문숭산(文崧山)이라고도 부르는 송악산은 높이 468m로 고려의 옛 도읍인 송도(松都)의 진산(鎭山)으로 송악이라는 이름은 소나무를 심어 그 명(名)이 체(體)를 표현한다는 풍수지리에서 유래한다. 산 전체가 주로 화강암의 큰 바위로, 기암괴석·활엽수림의 조화가 뛰어나다. 신라시대의 토성(土城)과 고려시대의 성(城) 터가 남아 있으며, 남쪽 골짜기에는 개성 만월대(滿月臺) 터와 원흥사(元興寺) 등이 있다.

개성 시내 북동쪽에 위치하는 고려박물관은 992년에 창설된 세계 최고(最古)의 최고(最高) 교육기관이었던 고려시대 성균관(成均館)의 건물과 부지를 이용하여 개관한 것으로, 고려의 역사・경제・과학・문화의 발전 모습을 보여주는 1,000여 점의 유물이 고색창연하다. 야외 전시장에는 불일사 5층 석탑(951년 건립, 지정고적 제252호), 홍국사탑(1021년 건립, 국보유적 제132호), 고려시기의 석조건축물을 대표하는 귀중한 문화유산인 현화사 7층 석탑, 현화사비, 개국사 석등 등의 조각 작품이 전시되어 있고, 높이 30m 밑동둘레 6m의 천년(千年)된 은행나무와 육백년 된 천연기념물 제385호 자목련이 우뚝 서 있어 우러러 보게 하며, 이 밖에도 활쏘기・그네・널뛰기・씨름 터 등 민속놀이를 즐길 수 있는 공간도 마련되어 있다.

개성하면 빼놓을 수 없는 것이 '황진이(黃眞伊)'의 얘기다. 박연폭포 서쪽 기슭의 용바위에 개성 명기(名妓) 황진이의 초서체 필적이 남아 있다 하였는데, 황진이는 당시 개성의 명사(名士)인 고승(高僧) 지족선사(知足禪師)와 명유(名儒) 서경덕(徐敬德, 號 花潭, 1489~1549)을 유혹하였는데 지족선사는 그녀의 유혹에 빠져 파계하였으나 서경덕은 전혀 동요하지 않아 후대인(後代人)들이 서경덕・황진이・박연폭포의 절경을 한데 묶어 '송도삼절(松都三絶)'이라 하였다.

산은 옛 산이로되 물은 옛 물이 아니로다
주야에 흐르니 옛 물이 있을소냐
인걸(人傑)도 이와 같도다 가고 아니 오노메냐.

이 시조는 화담 서경덕의 죽음을 전해들은 황진이가 슬퍼하며 화담의 고결한 인품을 그리면서 지었다는데, 화담은 황진이의 재능과 지식을 높이 평가하여 그녀를 남성의 정(情)이 아닌 아버지의 정으로 사랑하였다 한다. 명월(明月) 황진이의 시신은 그의 유언대로 강가에 버려져 까마귀밥이 될 뻔했으나 이 처참한 꼴을 볼 수 없었던 어느 선비가 밤에 몰래 강가에 묻어 주었다는 전설이 전해 오는데 수백 년이 지난 2000년에 북한 당국이 새로운 무덤을 만들었다고 한다.

이제는 우리와 관련 있는 국민적 관심사업인 개성공단을 얘기한다. 2000년 8월 현대아산이 북측과 합의하여 추진되기 시작한 개성공단 사업은 2002년 12월에 공식 착공되어 국내·외 기업에 분양하는 방식으로 진행되는데, 총면적 2,000만 평으로 개성공단이 850만 평, 배후도시 1,150만 평으로 구성된다. 1단계, 2, 3단계로 진행되는 공단 완공 시점인 2010년 이후 예상되는 입주기업 수는 2,000여 업체에, 인구는 45만 명, 고용인구 25만 명으로, 연생산액은 150억 달러에 달하는 대규모 공단도시로 조성될 예정이다.

이 사업은 당초 성공 여부를 우려했으나 무엇보다 북측 근로자들이 부지런하고 동족이라 말이 통하여 대단히 좋은 성과를 거두고 있으며, 현재는 60여 개 기업이 참여하고 북측 주민 23,000명이 일하고 있어 북한 경제에 기여하고, 앞으로 곧 20여 개 공장이 더 들어서면 종사자도 많아진다고 한다. 한눈에 보기에도 친환경적인 공단 조성으로 공장인데도 말끔하며 부지 내 기간시설도 국내 아파트 단지를 연상케 한다. 눈에 띄는 것은 공단지역과 북측 개성지역의 경계가 확연하게 다른 것이었다.

듣기로는 고(故) 정주영(鄭周永) 회장이 소 떼를 몰고 간 뒤부터 북측이 조금씩 마음을 열게 되고 이제는 개성이 관광특구로 남측 국민들이 관광여행을 할 수 있는 데까지 발전하였다. 남·북 사이의 평화 상징 지역이 된 셈이다.

개성에 성(城)이 많아 개성이라 하나, 대개 성은 닫혀 있는 것이어서 왜 열린 문 개성(開城)이라 했는지를 연구 중이란다.

개도(開都) 당시에는 인구 70만에 집이 얼마나 많았는지 처마 밑으로 다니면 비를 맞지 않았다 하며, 아라비아 상인(商人)까지 들락거렸다는 기록도 있을 만큼 개성은 한 나라의 수도로서의 풍모를 갖추기도 하여 상업도시로서 번성한 흔적이 남아 있다.

'개성상인', 개성거상(開城巨商)이란 명사가 나올 정도로 광복 후 서울의 일정 경제권을 개성 사람들이 갖고 있었다. 세계적으로 가장 약효가 뛰어난 '개성인삼'은 지금은 남한에서는 거의 자취를 감추었으나 개성에서는 아직도 보존하고 있어 고려박물관(옛 고려 성균관) 앞 상점에서 구입할 수 있었다.

개성은 북한에서는 큰 도시다. 시내 중심가는 왕래하는 사람도 많았고 길가에는 고층건물도 즐비하다. 다니는 자동차는 많지 않았으나 중심가 도로는 거의 8차선이었고 특히 사람이 거니는 보도는 편도 2차선 정도로 넓은 것이 특색이다.

대승불교(大乘佛敎)의 한 파(派)로 법화경(法華經)을 근본 경전(經典)으로 하는 천태종(天台宗)이 개창되었다는 영통사, 왕건왕릉, 공민왕릉, 남대문, 만월대, 첨성대 등 참으로 유적이 많은 곳이 또한 개성이다. 그러면서 그것들은 잘 보존되어 조상의 '얼'을 간직하고 있다.

옛부터 개성은 교육과 문화의 도시다. 세계 최고(最古)의 교육기관이었던 고려시대 '성균관'이 있었듯이 송도대학, 개성예술대학, 개성체육대학과 전문학교, 고등중학교, 인민학교 등 각급 학교가 주변에 있으며, 학생소년궁전, 극장, 영화관, 문화관, 체육관, 경기장과 3,000명을 수용할 수 있는 물놀이장이 있고 라디오방송인 개성방송, 개성텔레비전방송, 개성신문사 그리고 수십 곳의 의료기관이 있다. 시내를 오가는 주민들은 분망했고 학동들은 즐겁게 재잘거리며 짝지어 다닌다. 평화스러운 마을이다. 그러나 산야(山野)는 나무가 별로 없는 곳이 많아 아쉬웠다. 거기엔 계단식 밭을 일구어 농산물 증산에 힘쓰고 있다.

비록 유유자적(悠悠自適)하며 관광할 수 없음이 아쉬웠지만 돌아오는 길, 차창 밖으로 스쳐가는 산하(山河), 남과 북은 같은 땅인데 같은 창에 비친 사람들이 서로 낯선 사람 같아 마음 아팠으나, 북에 고향을 두고 온 사람으로선 한 발 두 발 내딛는 걸음이 천지신명(天地神明)하여 남과 북이 자유롭게 왕래하는 계기가 되고, 나아가 평화적인 통일이 이룩되는 전초이길 바라는 마음 간절하다.

색다른 결혼식

결혼이란 남녀 사이의 혼인(결혼)하려는 자유의사에 따라 성립하는 신분계약을 말하며, 이는 일정한 방식에 따라 혼인신고를 함으로써 성립되는 요식행위(要式行爲)이다.

법률상 혼인이 유효(有效)하게 성립하기 위해서는 혼인의 장애가 될 일정한 사유가 없는 사람 사이에 혼인에 대한 합의가 있고 또 이 합의를 전제로 한 신고(申告)가 있어야 한다. 혼인은 가족관계의 바탕인 부부관계를 성립케 하는 것이며, 중대한 가족적·사회적 문제로서 부부공동체는 사회조직의 근본이 된다. 따라서 법률은 도덕·풍기·질서 등은 물론 그 밖의 여러 정책적인 면을 고려하여 법률상 부부공동체를 이룰 혼인의 요건(要件)을 정하고, 이에 적합한 것만을 법률상의 혼인으로 보호하고 있다.

혼인적령(婚姻適齡)은 법률상 효력을 가질 수 있는 혼인 연령으로 민법(民法)은 만 18세에 달한 남녀는 부모 또는 후견인(後見人)의 동의를 얻어 혼인할 수 있게 하였다. 미성년자인 경우에는 부모의 동의를 얻어야 한다는 뜻이다.

올해 봄 어느 날 나는 손자뻘 되는 아이의 결혼식 청첩장을 받았다. 3월 말 , 결혼식은 강남의 어느 큰 예식장에서 많은 하객이 참석한 가운데 성대히 치러졌다.

양가 모친의 화촉점화(華燭點火)에 이어 주례자 등단과 신랑·신부 입장이 있은 후 신랑·신부의 맞절이 있는데 옛 전통 혼인예식에서는 신랑과 신부가 맞절을 하는 절차를 혼인대례(婚姻大禮)라고 하여 사모관대(紗帽冠帶)를 착용하고 정절(貞節)을 상징하는 '기러기'를 들고 식장에 들어온 신랑과, 원삼(圓衫) 차림에 족두리를 쓴 신부가 대례상 양편에 마주 서서 큰절로 예(禮)를 행하던 교배례(交拜禮)와 합환주를 돌려 음미하던 합근례(合卺禮 : 전통 혼례식 절차의 하나로 신랑·신부가 잔을 주고받는 일)의 절차로 혼인 예식의 중심이 되는 것이다.

교배례는 신부의 예복 차림을 고려하여 신부와 신랑은 선 자세로 허리를 굽혀 정중한 맞절로 두 번을 반복함으로써 혼인대례를 행한다. 신랑·신부 예(禮), 다시 한 번 예(禮), 맞절의 예를 두 번씩 반복하는 것은 이 혼인의 대례는 어떠한 경우도 반복할 수 없다는 확증을 의미한다 하겠다. 이날의 예식에서도 주례의 인도에 따라 두 번 맞절을 하니 우선 이색적이었다.

근대(近代) 이후 우리나라에도 서양문물이 스며들면서 혼인의식도 변했다. 도시 농촌 할 것 없이 곳곳에 현대식 소위 웨딩홀(결혼예식장)이 생기고 주례를 업으로 하는 주례인이 생기는가 하면 신랑은 턱시도(tuxedo)나 양복으로, 신부는 웨딩드레스에 면사포를 썼으나 근자엔 면사포도 없어지고 웨딩드레스는 화려함의 극치를 더해가고 있다. 순백의 면사포를 머리에서 얼굴에 드리우고 식장에 들어오는 신부의 자태는 우아하고 아름다웠다. 그랬던 것이 지금은 장식이 달린 족두리를 쓰고 입장하니 금석지감(今昔之感)이다. 더하여 돈냥이나 있는 집안의 신부는 그날의 주인공답게 조명(照明)을 한몸에 받으며 천장에 달린 수레를 타고 내려와 신부 아버지의 손을 치켜들고 사뿐사뿐 들어오는 절차는 상상을 초월한다. 날씬한 백의(白衣)의 신부는 천사의 것인 듯 너울자락을 끌며 맵시 있게 발을 뗀다. 나지막이 안은 흰 꽃에서 가닥가닥 파르르 떠는 아스파라거스의 연연한 푸른색이 그녀의 청초한 자태를 한층 빛낸다.

그런데 이날의 결혼식은 여느 때와는 다른 것이 있었으니 '축가' 순서다. 축가는 흔히 신랑 혹은 신부의 친구들이 결혼을 축하하고 앞날의 행복을 빌며 불러주는 것으로 아는데 뜻밖에도 신랑・신부가 하객에게 인사하고는 신랑이 신부에게 불러주는 것이다. 미리 연습하고 왔는지 목청 높여 식장 안이 떠나가란 듯이 잘도 부르니 칠십 평생 처음 보는 순서였다. 다른 하객들도 어리둥절하면서도 재미있어 한다. 그리고는 신부를 번쩍 안아 하객이야 어찌 생각하든 입을 맞춘다. 소위 키스를 하는 것이다. 옛 우리들은 생각도 못하는 행동들이다. 다음에는 신부를 안은 채 번쩍 들었다 내렸다 하면서 만세, 만세, 만세 세 번을 불러 하객들을 웃음의 바다로 몬다. 주례(主禮)도 사회자도 어리둥절하다.

결혼 풍속도 많이 달라졌다. 근자엔 '결혼박람회'마저 열리는 상업화 시대가 되었으니 그곳에서는 또한 어떤 진풍경이 벌어지는지 적이 궁금하다. 물론 알뜰 결혼식을 장려하는 것이겠지만….

결혼에 관해서는 많은 일화가 있다. 대원군(大院君)은 풍류와 농담을 잘해서 가끔 소인배와 썩고 궁한 선비를 골려 주는 일이 많았는데, 어느 날 문안(問安) 온 선비에게 친절히 "처자가 있는가?" 하고 물으니 선비는 아무 집에 장가들었습니다 하였으면 좋았을 것을, 유식한 체 "황문(黃門)에 취처(娶妻)하였습니다" 하였다. 이에 대원군은 특유의 풍자로 "황문이라니, 똥구멍에 장가를 갔단 말인가?" 하니 시골 선비는 얼굴이 붉어지며 말문을 잃었다 한다.

미국에는 이런 속담이 있다. '결혼 전에는 눈을 크게 뜨고, 결혼 후에는 눈을 반쯤 떠라', 부부공동체인 가정의 평안을 이르는 말일 게다. 이런 말도 있다. '결혼의 성공은 적당한 짝을 찾기에 있는 것보다는 적당한 짝이 되는 데 있다'고.

잠자리 두 마리가 붙어 날아다니는 모습, 늘 암수 두 마리가 함께 다니는 원앙새의 모습을 보면서 우리는 조물주가 동물계에 부여한 신비한 섭리(攝理)를 느낀다. 어느 누구에게서도 배우지 않은 일을 본능적으로 수행하며 종족(種族)을 번식하는 동물계의 이러한 현상을 곰곰이 생각해 보면 참으로 신기하기만 하다. 구약전서 창세기에 보면 '생육(生育)하고 번성하여 여러 바다 물에 충만하라, 새들도 땅에 번성하라', '생육하고 번성하여 땅에 충만하라, 땅을 정복하라'는 기록이 있다. 일반 동물계와는 달리 사람에게 내려진 명령은 특별하다. '이러므로 남자가 부모를 떠나 그 아내와 연합하여 둘이 한 몸을 이룰지로다'. 주례사에서 많이 듣는 얘기다. 인간 대 인간의 사랑을 확인하여

한 가족의 단위로 종족을 번식하도록 만들어진 이 생태적 본능 때문에 오늘날 이 지구상에 무수하게 많은 사람이 존재하게 된 것이다. 이러한 시스템은 자연의 질서요 인간의 도리이면서 윤리이기도 하다. 헌데 이것들은 혼인 즉 결혼이라는 신분계약에서 이루어진다.

가정은 양기(陽氣, 즐거움) 생활의 최소단위(最小單位)이다. 유엔 인권선언 제19조는 가정이라는 것은 '인간생활의 기초 단위'로 '보호받을 권리가 있다'라고 선언하고 있다. 그러므로 좋은 가정을 이루도록 유도할 줄 아는 사람이 참으로 멋진 사람이다.

우측보행

근래 우리나라에서 두드러지게 변화하는 것 중의 하나가 보행(步行) 방식이 아닌가 싶다. 소통을 원활하게 하는 방법이겠지만 꽤나 서두르는 것이 우측통행이다.

우리 사회에서는 꽤 오래 전부터 특히 도시생활에서 필요한 기초질서를 바로잡자는 움직임이 활발하다. 통행과 주차질서를 지키는 일이나 지하철의 경우 내린 뒤에 승차하는 에티켓이나 길거리 등 아무데서나 침 뱉지 않기, 담배꽁초를 휙 휙 버리는 나쁜 버릇 안하기 등 서로가 지켜야만 되는 예절이 적지 않다. 그 중에 하나가 지난해 하반기부터 90년 만에 생활 혁명을 표방하며 지금 거의 강요되고 있는 우측보행이다.

우리나라 사람이면 누구나 좌측보행을 생활하여 온 것이 사실이다. 심지어 어린이 유치원에서부터 초등학교에 이르기까지 들어온 공중도덕 가운데 하나다. 그러나 그 누구도 좌측보행을 왜 해야 하는지에 대해서는 설명이 없고 그저 좌측보행을 해야 하는 것으로 알아왔다.

그럼 우리는 언제부터 좌측보행을 하게 된 것일까? 그리고 좌측보행이 현재와 같은 도시구조와 통행방식, 국제화 측면, 우리의 역사와 전통을 고려할 때 과연 타당한가에 대해서는 생각해 볼 여지가 많다.

그런데 좌측보행을 하다가도 길 건널목에 서면 우측통행을 하라고 화살표가 그려져 있다. 이것은 차량통행 구조상 우측통행을 하는 것이 자동차 정지선으로부터 조금이라도 사람이 건너가는 건널목까지의 거리가 먼 것이기 때문에 안전거리를 확보하기 위해서일 것이다. 그리고 큰 건물의 회전문, 국제 공항게이트 등은 이미 오른쪽으로 돌고 있다. 그런가 하면 고층건물이나 지하철역에 설치되어 있는 에스컬레이터에서는 우측에 서 있고 통행은 좌측으로 하도록 안내하여 왔다.

예전 학창시절 귀가 따갑도록 듣던 말이 있다. 걸을 때는 실내에서든 실외에서든 좌측통행을 해야 한다는 것이다. 실내에서는 규칙을 어기면 혼나기도 했다. 그런데 요즘 우리에게 혼란을 가져오게 만드는 말이 "차는 오른쪽, 사람도 오른쪽으로 걸으세요"이다. 출·퇴근 시간대에 승객으로 붐비는 지하철 환승역에서 1호선에서 2호선, 2호선에서 1호선으로 3호선에서 4호선, 4호선에서 3호선으로 또는 2호선에서 6호선으로 각각 갈아타거나 출구로 나가기 위해 계단이 있는 통로로 우르르 몰려드는 승객들은 때마침 맞은편에서 밀려오는 사람들로 뒤범벅이 되면서 엉켜 극심한 혼잡이 빚어진다. 통로 바닥에는 우측통행이라는 딱지가 화살표와 함께 붙어 있으나 막무가내다. 마치 한무리의 군단이 돌진해 오는 것 같다.

일제 잔재인 좌측통행도 없애고 우측통행 문화를 심기 위해 정부는

7월부터 지하철, 철도, 공항 등 다중 이용 교통시설과 공공기관에서 우측보행을 본격 시행 생활화 한다고 밝히고 있다.

우측보행이 좌측보행에 비해 교통사고가 20% 준다는 점을 이유로 들기도 한다.

우리나라는 처음부터 좌측통행을 실시한 것은 아니었다. 1905년 우리나라 최초의 근대적 법제인 대한제국 규정 「가로 관리규칙 제6조」에서는 보행자와 차마(車馬)의 통행을 모두 우측으로 정했다. 그런데 1921년 일제는 조선총독부 「도로취체규칙」(조선총독부령 제142호)을 일본과 같이 좌측통행으로 개정하면서 좌측보행이 시작됐다.

우리 정부도 1961년 도로교통법을 만들면서 보도와 차도의 구분이 없는 도로에서 보행자는 좌측통행을 규정했다. 이 규정은 엄격히 말하면 보도와 차도가 구분되지 않은 도로의 보행방식이다. 그러던 것이 광복 후 미군이 이 땅에 들어오면서 하루아침에 차량은 우측으로 다니게 되고 철도는 그대로 좌측으로 다니는 상황이 되었으며 우리는 별다른 검토 없이 보행방식은 그대로 좌측을 그리고 세월이 흐르고 보도 보행이나 지하철 보행통로 등 교통시설에까지 확대되면서 관습적으로 좌측보행의 원칙이 굳어졌다.

보행방식에 얽힌 역사를 보면 일본인들은 좁은 골목에서 사무라이들이 자신을 보호하며 상대방을 공격하려면 골목의 좌측에 붙어 다녀야 했다는 데에서 유래했다고 하며, 영국에서는 말마차를 채찍질하려면 좌측통행 방식이 유리하다고 하는 설도 있다. 모두가 자신들의 문화와 전통 속에서 그러한 수칙이 태동되었음을 알 수 있다고 건축전

공 임창복 교수는 「보행방식과 도시 건축문화」라는 칼럼에서 예시하였다. 덧붙여 그는 우리나라도 과거의 3칸으로 되어있는 각종 정문을 드나들 때에는 우측 문으로 들어간 후 다시 우측으로 나오는 것이 원칙이었다. 마당에서도 전면에 건물이 있을 때 동쪽의 계단 즉 우측의 계단[東階]을 이용해 올라간 후 서쪽의 계단[西階]을 이용해 내려오는 게 원칙이었던 것을 보면 적어도 궁궐이나 사찰 또는 각종 시설에서 우측통행의 원칙이 보다 폭넓게 활용되지 않았나 여겨진다.

그러나 오늘날 거개의 시설물 즉 박물관이나 기념관 또는 각종 전시장 등에 가보면 왼쪽으로 들어가 오른쪽으로 돌아 나오도록 화살표가 그려져 있다. 헛갈리게 하는 것 중의 하나다. 관람객의 동선 처리 등 많은 사람이 이용하는 시설 계획에서 보행의 방향이 어느 쪽인가 하는 것은 매우 중요한 전제조건이다. 이것은 대형건물 뿐에서만 아니라 생명을 다루는 병원에서는 환자의 생명과도 관계가 된다. 그 공간 속에서 움직이는 인간의 기본 원칙이 혼잡하면 소통의 원활화라는 점에서 그만큼 갖가지 사회 비용도 높아진다 한다.

최근 보행자 통제체계에 관한 문제가 쟁점화 되고 있다. 사람이 태어나서 처음 걸음마를 뗄 때나, 일상생활에서 계단을 오를 때 오른발을 먼저 내딛으며, 맞은편 장애물이 맞닥뜨릴 때에도 순간적으로 오른쪽으로 피하곤 하니 신체 특성이나 교통안전 및 국제관례로 보아 우측보행을 해야 한다고 한다. 반면 혼란만 부추길 뿐 근 90년간 일상생활에서 관습으로 굳어진 좌측보행을 굳이 바꿀 필요가 없다는 주장도 만만치 않다.

차도 보도의 구분이 없는 곳에서 우측보행 할 경우 운전자는 보행자의 뒷모습만 보고 운전하게 돼 되레 불안할 수 있으며, 대부분의 교통시설이 좌측보행을 중심으로 설치돼 있어 새삼스럽게 보행방식을 바꿀 필요가 없다고 한다. 신체 특성상 오른손잡이는 반사 능력이 오른쪽에 있기 때문에 보행자가 마주치는 경우 좌측통행이 낫다고 주장하기도 한다. 보행방식을 쉽게 바꿔 혼란만 가져올 것이 아니라 관습으로 굳어진 행동을 그대로 두자는 것이다.

헌데 서울특별시 또는 관내 자치구는 벌써부터 우측보행 실천운동을 펴며 공공기관 계단이나 출입구, 내천 등 주요 산책로 바닥에 덩기 덩기 우측보행 표시 또는 안내판을 붙이고 있다.

국토해양부는 교통신문, 한국교통연구원과 함께 지난달 말 우측보행의 편의성에 대한 설문조사에서 전국 12개 주요도시 성인남녀 1,560여 명 중 우측보행이 합리적이고 편하다는 응답자가 54% 이상이어서 우측보행의 확산을 위한 홍보활동을 더욱 강화하고 각종 시설물도 차질 없이 개선해 우측보행이 원활하게 정착되도록 한다고 한다. 즉 사람이나 차량의 소통이 잘되게 한다는 것이다. 그리하여 교통규칙이 잘 지켜져 국민의 마음에 법치사상(法治思想)을 고양시켜 법치주의 국가를 건설하는 데 일익을 하겠다는 것이다.

법치(法治)의 목적은 인간의 존엄과 가치 실현에 있다. 그래서 법치주의는 권력과 힘에 대한 통제와 견제를 그 핵심적 내용으로 한다. 법치주의는 자유민주주의의 요체다.

국제화에 맞는 보행방식에의 바꿈, 길가 전주에 붙은 "이제는 지킵

시다. 교통질서" 얼마나 우리 국민이 교통법규를 안 지켰으면 이런 구호가 나올까?

보행방식의 준수, 그리고 사소한 것 같지만 거리에서 아무데나 침 뱉지 않고 담배꽁초 안 버리기 등의 기초질서를 잘 지켜 '법치 바로 세우기'에 우리 함께 동참하여 대한민국의 선진화에 앞장서야 하지 않을까?

커피 한 잔의 멋

하루 한 잔의 커피는 사람의 생체 리듬을 가다듬어 준다. 커피의 색소가 활성산소 등을 없애주는 황산화 효과가 있어 특히 점심을 먹은 오후에 마시는 커피 한 잔은 더없는 그 그윽한 향취로 나른해진 우리 몸을 되살려주는 구실을 한다. 그래서 서양사람들은 오전·오후 하루 두 번씩 정한 시간에 '커피 브레이크(coffee break)'라는 차 마시는 시간을 가져 잠시 갖는 휴게시간에 피로도 풀고 남과 대화도 나누면서 사교시간을 갖기도 한다.

인류가 언제부터 커피를 마시기 시작했는지는 분명하지 않으나 BC 6세기경 에티오피아 고원에서 산양(山羊)이 기묘한 나무 열매를 먹고 도취되어 떠도는 것을 본 바그다드의 한 의사에게 발견되어 약용으로 사용되었고, 그 후 아라비아에서 기호음료로 마시게 되었으며, 13세기에 이르러 아라비아와 터키 등 중동 일대에서는 커피나무에서 생두를 수확하여 원두를 볶아 돌로 된 맷돌에 갈아서 커피액을 추출해 이용했으며 또 회교에서 술을 금하게 되자 술 대신에 발달하였다고도 한다. 유럽에서는 1650년대 런던에 사는 터키의 무역상에 의해 급격히 보급되었고 파리에도 전해져서 서민의 생활에 없어서는 안 되는 즐거움이 되었다.

우리나라에는 1895년 을미사변에 고종황제께서 러시아공사관에 피신하신 '아관파천' 때 처음으로 마셨다고 하며, 1896년 2월 서울에 와 있던 러시아 사람들이 경영하는 잡화점 안에 다실을 만든 것이 우리나라 최초의 다방이 되었다. 일반인들에게는 한국전쟁 때 미군의 야전용으로 들어 온 레이션 박스 속의 소위 인스턴트커피가 보급되면서 손쉽게 타 마실 수 있어 전국적으로 번져나갔다.

커피의 맛과 향의 본질에 대해 오래 전부터 연구되어 왔으나 아직까지도 완전히 해명되지는 못한 것 같다. 커피의 특수성분은 타닌과 카페인인데 카페인은 뇌 근육의 자극제로 흥분작용을 일으킨다. 그래서인지 머리가 복잡하거나 졸음이 오려할 때 특히 수험생들이 자주 마시는 까닭이 여기에 있다.

한국전쟁이 한창인 때 나는 부산의 모 미육군보급창에 잠시 근무한 적이 있다. 우리 노무자들을 돌보는 미군 병사들이 오전 10시 30분과 오후 3시 30분이 되면 어김없이 '커피타임'을 가진다. 그렇게 눈을 부라리며 독려하던 GI들이 싹쓸이 식당으로 몰려가 한 30분간 작업장이 조용해진다. 그럴 때면 우리들도 덩달아 쉬는 시간을 가질 수 있었다.

그런데 내가 근무하는 페인트 숍(Paint Shop)엔 미군하사가 책임자였는데 그는 독일계 미국인으로 대학을 다니다 징집으로 한국전에까지 왔는지 그림 그리기를 좋아했고 그래서 그는 그날의 작업량을 지시하고는 노상 책상머리에 앉아 그림을 그렸고 커피타임이 되면 커다란 잔에 커피가루를 넣고 난로 위의 끓는 주전자 물을 따라 저어 마시면서 우리에게도 골고루 나누어 주곤 하여 우리는 매일 하루 두 번씩 커피를 마시는 시간을 즐겼다. 처음에는 커피가 씁쓸했으나 설탕 먹는 맛에 꿀꺽 꿀꺽 마시다 보니 어느새 인이 박혀 커피마시는 것이 자연스러워졌다.

50년대 우리나라 대도시에는 다방이 유행했다. 서울에는 기업화된 큰 다방이 있었고 음악을 전문으로 하는 다방엔 DJ가 있어 듣고 싶은 노래를 신청하면 축음기가 돌면서 나오는 서양의 명곡이나 재즈, 우리나라 유행가를 한 잔의 커피를 멋진 DJ의 해설을 들으면서 마실 수 있었다.

한집 건너로 길가에 있었던 '다방'이 '다실'로 바뀌는 성 싶더니 지금은 옛날 같은 다방은 거의 없고 외국자본이 세계적으로 체인화한 외래명을 가진 고급화된 다방이 판을 친다. 그런 곳은 값도 비싸 나이 많은 이들은 엄두도 못 내고 주로 젊은 남녀들이 차지한다.

옛날 서울 종로나 명동을 중심한 다방엔 주로 문인들이 담배연기 자욱한 속에 커피 한 잔을 시켜놓고 하루 종일 명상이나 작품구상에 잠기기도 했으나 지금은 일종의 사교장 아니면 사업차 들르는 만남의 장소가 되어갔다. 또 예전엔 아침 일찍 들르면 '모닝커피'라 하여 커피 잔에 날계란 하나를 띄워주는 서비스나 단골손님이 홍차를 주문하면 홍차 잔에 위스키 한 방울을 따라 넣어주는 맛의 쫄쫄함도 있었으나 그것도 옛 일이고 보니 금석지감이다.

나의 학창시절 배재고등학교 앞이자 옛 법원단지 뒤쪽 서소문 길가에 '혜전'이라는 아담한 다방이 있었는데 레지도 예뻐 우리는 거의 학교가 파하면 그곳에 가 변호사나 판・검사들을 모시고 학술토론을 많이 벌였다. 오후의 한 잔의 커피를 시켜놓고 장사진을 친 것이다.

예전 서울 장안의 이름 있는 다방의 여종업원은 곱게 차려입은 한복의 치맛자락을 찰랑이며 테이블로 와 커피 잔을 공손히 놓고 사기 주전자에 담긴 따끈한 커피를 따르고 카네이션이라 일컫는 밀크도 타주곤 하였는데 그 자태에 잠시 시름도 잊고 젊은 여인의 향취에 흠뻑 젖기도 하였는데 지금은 그런 낭만은 꿈에도 상상 못하는 세태가 되었다.

지금은 시골 어디에 가도 다방이 있고 자판기가 있어 마음먹으면 언제든지 커피를 마실 수 있다. 가정에선 손님이 오면 커피를 대접하고 또 식당에선 식사 후 으레 커피를 마시는 것으로 안다. 그러다 보니 우리나라 사람들도 서양사람 이상으로 커피를 상용한다. 전에 우리 집에 함께 살던 젊은 아낙네는 마치 숭늉 마시듯 사발째로 들이마신다. 그것도 하루 한 번이 아니고 수시로 말이다. 밭에서 농사일을 하던 이들도 밭두렁에서 점심을 들고선 커피를 마시는 세상이다.

커피 원두에는 크게 세 가지 종류가 있다. 제일 많은 것이 아라비카종으로 일명 '마일드'라고도 한다. 세계 산출량의 60%를 차지하는 브라질 산토스와 모카도 여기에 속한다. 둘째가 로부스타종으로 쓴맛이 강한 것이 특징이다. 다음이 리베리카종인데 풍미가 적으며 주로 인스

턴트커피의 원료로 사용된다.

한 잔의 맛있는 커피를 끓이기 위해서는 무엇보다 재료의 선택이 중요하다. 커피는 육류나 과일과 마찬가지로 신선해야 하는 살아있는 식품이다. 그리고 뜨거운 커피는 사기잔에, 찬 커피는 유리잔에 담는 게 상식이라 한다. 오후에 한 잔 마시는 커피에도 이런 저런 사연들이 있으니 현대인들이 알아두면 좋을 것이다.

우리들이 일상에서 지치고 피로할 때 다방이든 카페든 고즈넉이 앉아 다정한 친구와 담소하며 마시는 따끈한 커피 한 잔은 속이 탁 풀리고 후련해지니 그 어떤 보약보다도 값지지 않을까..... 커피 한 잔의 멋이 여기에 있음직하다.

윌리엄 해밀턴 쇼 대위

서울특별시 은평구 응암동 평화공원에는 색다른 동상이 서 있다.

우리나라 사람도 아닌 미국인 윌리엄 해밀턴 쇼(William Hamilton Show, 한국명 徐煒廉) 대위의 전신 동상이다. 해밀턴 쇼 대위는 6·25 한국전쟁이 발발하자 이 땅의 자유를 지키기 위하여 미국의 다른 젊은이들과 마찬가지로 태평양을 건너 와 우리를 위해 목숨을 바친 젊은이다.

그가 한국전쟁에 참여한 동기나 사연은 너무나 인도적인 면이 있다. 쇼 대위는 1945년 노르망디 상륙작전 때 PT518 부정장으로 2차 대전을 승리로 이끈 전쟁 영웅의 한 사람이다. 당시 쇼 대위는 전쟁을 지휘하는 아이젠하워 연합국 사령관을 PT518에 태우고 임무를 수행한 일도 있다. 임무를 마치고 해군중위로 제대하였으므로 한국전쟁이 일어났다 해도 미국 국민이며 제대한 군인이기 때문에 한국전쟁에 참전해야할 하등의 의무도 책임도 없는 사람이었다.

그는 우리나라 평양에서 선교사 서위렴 1세의 아들로 태어났다.

서위렴 목사는 미국에서 31세에 내한하여 지금까지 우리나라 교육계와 종교계를 위하여 몸 바친 분이시다.

서위렴 2세는 평양에서 1922년 6월 5일 태어나고 고등학교까지 평양에서 마쳐 한국어도 잘했다. 미국에 가서 웨스리언 대학을 졸업하고 목사의 딸과 결혼했으며, 미 해군장교로 입대하여 복무하고 제대했다. 미 해군에서 제대한 후 부모가 계신 한국에 와서 미 군정청 경제협력처에 근무하다가 우리나라 남쪽에 있는 진해 해군사관학교 민간인 교관으로 함정 운용술을 가르치면서 한국해안 경비대 창설에도 기여하는 등 대한민국 태동기에 큰 공헌을 한 사람이다. 따라서 해군사관학교 교관 시절 그에게 배웠던 사관생도들 여럿이 현재 생존해 있기도 하다. 그는 공부를 더 하고 싶은 마음이 생겨 가족을 데리고 미국으로 가 하버드 대학에서 박사 과정을 하고 있을 무렵 청천벽력과 같은 1950년 6월 25일 미명에 북한 공산군이 남침하여 한국에서 전쟁이 일어났다는 소식을 듣게 된다.

그때 해밀턴 쇼는 끓어오르는 분노로 고민하게 되었다. 가족에 대한 부담, 학위에 대한 미련, 부모가 계신 한국, 거기에다 자기가 태어난 나라 한국에서 가르쳤던 해군사관 생도들, 탄생한지 일천한 한국정부와 세계에서 가장 어질고 인정 많고 부지런한 한국인들 때문에 번민하는 가운데, 요한복음 15 : 13절에 "사람이 친구를 위하여 목숨을 버리면 이에서 더 큰 사랑이 없나니"를 되씹고 한국전쟁에 참여하기로 결심한다. 가족들은 오하이오에 있는 처가에 맡기고 워싱턴으로 날아가 '자원입대' 하였으니 제2의 고향 한국에 대한 인류애적 인도적 사랑이 얼마나 컸던가를 알 수 있다.

그는 한국어와 한국지리, 한국 해안경비 상황에 정통한 관계로 미 극동군사령관 맥아더 장군의 최측근 보좌관으로 해군정보장교로 임명되어 인천상륙작전 수행에 중대한 역할을 담당하게 되었다. 1950년 9월 15일 새벽, 미명을 기해 맥아더장군은 기함 '맥킨리'를 필두로 순양함, 구축함, 로켓포함을 이끌고 팔미도를 지나 월미도와 인천해안을 강타하면서 우리 국민이면 누구나 다 아는 인천상륙작전이 이루어지고 이를 계기로 전세는 반전하여 서울이 다시 탈환되고 정부청사에 태극기가 휘날리게 된다.

인천상륙작전이 성공리에 완수되었으므로 해밀턴 쇼 대위의 임무는 끝난 것이었으나 그러나 그는 또 자원해서 미 해병대 제5연대에 배속되어 서울탈환작전에 직접 참가하게 되었고, 9월 22일 아침 미 해병 7연대의 서울 접근을 위한 적 후방 정찰을 목적으로 현 서울 은평구 녹번리에 접근하는 순간, 기관총으로 중무장한 북한군의 매복조에 저격당하고 말았다. 피아간의 총격은 2시간 이상이나 계속되었으며, Item부대가 도착하여 적들을 제압하고 해병대 구조대가 길 위에 쓰러진 해밀턴 쇼 대위를 구조했을 때는 온 몸에 구멍이 수없이 나있는 상태로 만신창이가 되어 의식이 없었다. 서울 탈환을 일주일 앞두고 장렬하게 산화한 것이다. 그는 서울 탈환 후 마포구 양화진 묘지에 안장되어 우리 곁에 잠들고 있은 지 60년이 된다. 그의 묘비에는 요한복음 15 : 13 <Greater love has no one than this, that he

laydown his life for his friends. John 15 : 13>이 새겨져 있고, 그의 짧은 생애는 이렇게 녹번리 숲속에서 끝났다.

한국전쟁에서 가슴 아프게 전사한 청년이 어찌 쇼 대위 한 사람뿐일까마는 해밀턴 쇼 대위의 전사를 안타깝게 여긴 친지와 단체들이 뜻을 모아 쇼 대위가 전사한 자리에 전사기념비를 1956년 9월 22일에 건립하였는데 건립위원에는 백낙준, 정일권, 김활란, 김용우, 유형기, 김성진, 장용하 등 당시 우리나라의 훌륭한 지도자들과 해군참모총장, 해병대사령관, 연희대(현 연세대), 이화여대, 세브란스의대, 배재고교, 이화여고, 광성고교, 정동감리교회 등 중요한 기관들이 참여했다. 그런데 서울시의 확장과 도시계획으로 그 기념비는 철수될 수밖에 없었고, 제자이자 친구인 해군사관학교 제2기생들에 의해 역촌네거리 은평구 응암1동 은평교회 옆쪽 은평평화공원 한쪽에 옮겨지고 은평구가 관리 보존하고 있다.

졸지에 외아들을 잃은 부친 쇼 목사를 위로하고 해밀턴 쇼 대위의 한국을 위한 희생을 기리기 위하여 친구와 친지, 미국의 고향과 교회에서 기금을 모으기 시작하고 토지와 물자를 기증한 한국정부와 한국인을 포함하여 6,000명 이상이 기부한 것은 그 당시 쇼 대위의 전사 소식이 얼마나 충격적이었는지를 짐작케 한다.

그는 분명 우리의 동족은 아니다. 그는 미국인이다. 그러나 그는 우리를 진정한 친구로 여겼다. 이 땅에서 태어나고 소년시절을 이 땅에서 보냈으며 대한민국 해안경비대 창설에 협력했으며, 해군사관학교 조교를 하면서 젊은 생도들의 친구로 선배로 우정을 쌓아 해사 사관생들에게 인기가 제일 많았다고 한다. 그만큼 인간적인 면이 풍부했다.

하버드대학 박사과정의 연구과제도 「아시아의 역사와 문화」였다 하니 그는 한국을 미국과 똑같이 자기의 조국이라고 생각했으며, 미국보다 더 한국을 사랑한 미국인이었다. 그가 1950년 9월 14일 인천을 향하는 함상에서 아버지에게 보낸 마지막 편지에는 “아버님! 우리는 지금 고향 땅에 가까이 와 있습니다. 이 편지를 받게 될 때는 더 가까이 다가가 있을 것입니다(We are near home and will be nearer before you get this).”

한국을 자기가 태어난 고향(home)이라고 썼다. 그의 결단은 지도자들의 ‘노블리스 오블리제’도 아니고 생명과 인류애, 자유와 평화존중의 지구촌 사랑 그것이다.

미국 해군대위 서위렴 2세 전사 기념비 기단석에는 <쇼 선생의 숭고한 한국 사랑과 거룩한 희생을 추모하며 이 좌대석을 바칩니다. 2001. 10. 20> 제자이자 친구인 해군사관학교 제2기생이라고 씌어 있고, 좌대석 우측에는 <우리 그대의 아름다운 마음을 알어 널리 전하리 서기 一九五六年 九月 二十二日 고 서위렴 2세 기념비 건립위원회>가 새겨져 있다.

이방인이면서 태어나고 자란 제2 조국을 위하여 바친 그의 거룩한 정신과 희생을 우리는 영원히 기억하고 보답해야 하지 않을까.

<전쟁에 참전하여 녹번동에서 전사한 미국 해군대위 윌리엄 해밀턴 쇼의 자유민주주의 수호정신을 기리고 호국 보훈정신을 함양하고자 여기에 동상을 세우다>

은평구청 · 대한민국 해군 2010. 6. 22

해맑게 웃는 얼굴의 전신 동상은 참배객의 마음을 아프게 한다. 한 다발의 노랑국화를 안기고 싶다.

근자에 서해 연평도에 대한 북한군의 무차별 포격으로 '끝나지 않은 6 · 25'를 실감하는 시점에서 쇼 대위의 동상은 더욱 돋보이고 있다.

다 집어넣어

60년 전 한국전 때의 이야기다. 그 해는 몹시 추운 날이 많았고 눈도 많이 내렸다. 길영이는 1·4 후퇴 때 북한에서 남으로 월남한 피난민이다.

1·4 후퇴보다 조금 일찍이 당시 대한청년단 간부로 북한으로 온 고종형에 이끌리어 원산부두에서 1950년 12월 1일 새벽 4시에 미 수송선인 LST를 타고 원산 지방의 청년들과 함께 부산항에 닿았다. 우리는 그때 남한으로 피난 간다는 것은 꿈에도 생각하지 않았고 막 참전한 중공군을 격퇴해야 한다는 일념으로 청년들이 단신으로 모였고 북쪽 홍남 쪽으로 가 무장한다는 말만 들었으나 우리를 태운 배(LST)는 동해의 공해를 스치면서 남쪽으로 항했다. 배는 이틀 후 묵호 앞바다에 이르렀고 무료한 시간을 채우려 갑판으로 올라간 몇몇이 "묵호다" 하는 소리에 이것이 웬일이냐며 의아해 했으나 이불속에서 헤엄치기지 바다에 뛰어들어 헤엄쳐 빠져나오기 전에는 고스란히 주저앉을 수밖에 없었다. 무장하여 중공군과 싸우겠다는 생각은 먼발치의 얘기가 됐다.

우리는 원산을 떠난 지 3일 만에 당시의 부산 제일부두에 하선되었고 우리와 함께 온 그때의 강원북도(당시 원산은 강원북도 도청소재지였음) 군정장관(육군대령)은 우리 일행을 도열시키더니 "여러분은 자유대한에 왔습니다. 대한민국은 거주와 이전의 자유가 있으니 가고 싶은 곳이 있으면 마음대로 가십시오." 하고는 피난민증을 써주고는 휙 가버린다. 대한청년단 원산시단 최고 간부로 나를 데리고 온 고종형도 군복으로 갈아입고 권총도 차더니 임지로 간다며 역시 떠난다. 부산 제일부두 광장은 부산역 광장과 맞붙어 있었다. 한참 후에 경의선 열차가 부산역에 닿는데 남부여대(男負女戴)한 일단이 쏟아져 내린다. 우리와 처지가 달랐다. 외로운 사막에 내동댕이쳐진 것 같은 소위 홀아비들은 망연자실 갈 곳도 없고 돈도 없어 한숨만 쉬고 있는데 약 한 시간이 지나니 미군 트럭 20여 대가 오더니 우리를 에워싸고 집총을 한 미군이 우리를 그 차에 20여 명씩 태우고 어디론가 간다. 우리는 저항 한마디 없이 고분고분 따랐다. 영어도 할 수 없으니 말도 안통하고 숨을 죽이고 이제 내 앞날이 어떻게 이어질 것인가를 걱정하며 한참 가는데 미군 천막이 즐비하게 늘어선 곳에 닿았다. 우리를 차에서 내리게 하곤 방역을 한답시고 DDT를 머리에서부터 몸 전체에 뿌리더니 냄비 2개, 수저 한 벌, 군용 담요 두 장, 껌 한 갑을 주면서 천막 속에 배치한다. 군용 천막이라 널찍하였고 바닥은 푹신푹신하고 뜨뜻하다. 배를 타고 이곳까지 오는 동안 주먹밥 밖에 못 먹은 피난민들은 저녁부터 흰 쌀밥에 계란프라이, 고깃국 한 그릇씩을 주니 이게 웬 떡이냐 싶었다. 그렇게 매일 세 끼를 잘 먹고 나니 밤에 잠자리에 들면 북에 두고 온 고향의 어머니와 누이, 누이동생 생각에 잠을 뒤척인다. 고향 식구들은 내가 원산에서 잘 지내려니 하고, 꿈엔들 이남으로 피난 온 것을 상상이나 할까? 이렇게 해서 우리는 이산가족이 되었고 60년이 지난 지금까지도 안부를 모른다. 생이별을 한 것이다.

부산 적기의 미군 천막에 수용된 우리는 알고 보니 전쟁 중이라 민간인 포로가 되어 제네바협약과 적십자운동기본원칙에 따라 보호 받은 것이다. 약 20일 수용되다 보니 독신 젊은이들은 할 일 없이 지내는 것에 몸이 뒤틀리기도 하여 당국에 우리가 왜 이런 대우를 받아야 하냐며 진정도 한다. 그러던 어느 날 한국군 정보당국(?) 장교들이 오더니 젊은 사람 한 사람씩 불러내어 심사를 하는데 모두들 군(軍)에 입대하여 전선에 보내달라고 서명도 했다. 애국심이 발동한 것이랄까? 그 다음날 역시 미국 트럭이 천막촌 앞에 닿더니 독신 젊은이만 골라 소지품을 휴대시켜 그 자동차에 태우더니 부산시내 초량동에 있는 중앙극장으로 이동시킨다. 중앙극장은 일본식 극장이라 1층은 의자인데 2층은 일본식 다다미 좌석이다. 앞에서 말했지만 그 해는 남쪽인 부산도 무척 추워서 난방이 전혀 없는 휑한 곳에 들어가니 추워서 견딜 수가 없다. 미군 천막에서 따뜻하다 못해 덥게 지낸 우리는 입성도 시원치 않아 추위에 덜덜 떨고 있는데 부산시청 직원이 오더니 우리 일행을 모아 놓고 “이제부터 여러분은 부산시가 보호를 담당합니다.” 하면서 1주일분 식량으로 쌀 3kg, 보리쌀 2kg과 부식비로 얼마를 나누어 준다. 헌데 극장 안에는 취사장도 없고 불구경이란 전혀 할 수 없어 극장 바로 뒤에 있는 초량시장에서 쌀과 보리쌀을 주고 국수로 바꿔 먹는 길밖에 없었다. 헌데 그것도 일주일 식량이 하루 세 끼 국수로 바꿔 먹어도 3일이면 끝난다. 그러니 홀아비 피난민들은 막노동을 찾아가거나 당시 미군 물자가 많이 들어오는 부두 노동자로 팔려간다. 부두노동도 아무나 되는 것이 아니다. 부두노동조합이라는 게 있어 저녁에 부두로 나가 있으면 노동조합장들이 운집한 사람 중에서 저임금이라도 희망하는 사람을 모집한다. 여기서 뽑히면 하루 먹을거리는 생긴다. 제1부두에서 제2부두 또는 제3부두로 나뉘어 옮겨진 부두 노동자는 저녁부터 밤을 지새우며 일하곤 그 이튿날 아침에 낮 반과 교대되는데 우리는 잠자리가 마땅치 않아 주로 야간근무를 찾는다. 일당은 매일 아침 부두에서 나올 때 조합장들이 주는데 미군이 지불한 임금에서 일정액을 제하고 주니 배불린 것은 조합장들이었다.

하루는 초량극장에서 어슬렁거리고 있는데 군복 정장을 한 분이 나를 찾는다. 고종형이다. 나는 하도 반가워 눈물을 흘리고 있는데 서울 가지 않겠느냐? 고 묻는다. 서울에는 5촌 고모가 두 분 살고 계신다. 나는 얼싸 좋다하고 따라 나섰다. 고종형을 따라가니 무서울 것도 없고 당시 아이젠하워 점퍼에 권총을 찼으니 기차도 타고 버스도 타고 걷기도 하고 해서 서울 올라오는데 거친 것이 없다. 허나 서울도 안전치 않았던지 대구·부산 등 아래쪽으로 피난민들이 줄을 잇는다.

이틀 걸려 서울에 온 고종형은 나를 서울역으로 데리고 간다. 고모부 한 분이 서울역에 계셨는데 역장실로 들어간다. 그때 고모부께서 역장으로 계신다. 반갑기 그지없었고 나는 이제 살았구나 하고 속으로 쾌재를 불렀으나 그것도 잠깐, 고모 등 식구들이 대구로 피난 갔다

하지 않겠는가? 그러면서 또 한 고모가 살고 계시는 종로구 가회동 1번지 중앙고등학교 뒷문 쪽에 있는 고모 집으로 데려다 준다. 그런데 그 고모네 식구들도 역시 대구로 피난가고 나이 많은 고모가 어린 외손녀 하나만 데리고 그 덩그런 기와집에서 살고 있다. 그러니 거기도 내가 의지할 것이 못된다. 한 사흘을 묵고 역시 나는 나와 함께 온 일행이 있는 부산으로 가야겠다고 생각하고 서울역으로 가 고모부한테 신발을 사 달라고 부탁하니 남대문시장으로 가 검은 운동화를 사주신다. 그리고 가회동 고모 집에서 눈이 많이 내리니 덮을 것이 있어야겠기에 고모 집에 걸려 있는 옛 일본군 비옷을 한 벌 얻어 입고 서울역으로 와 고모부에게 부산 가는 기차를 태워 달라 했다.

이때는 벌써 피난 행렬이 줄을 잇는 때라 기차를 얻어 타기도 쉽지 않았으나 고모부의 주선으로 무궤차에 탔다. 눈이 부실 부실 오고 무궤차에도 피난민이 가득 찼는데 내가 탄 칸에 일단의 가족과 한 무리의 여자 대학생들이 둘러앉아 얘기를 나누며 음식들을 먹는다. 내가 홀로이고 검은 학생모에 우비를 입고 있는 것이 측은했던지 손짓으로 오라하며 음식을 권한다. 그 속에 끼어 음식을 먹으며 수원까지 왔는데 그때의 기차는 떠나는 것이 기차시간이오 도착하는 것이 기차시간이다. 어떤 역에서는 한 시간도 좋고 하루도 좋다. 수원역에 닿으니 역 구내 이곳저곳에 아름드리나무가 산적해 있었고 승객들은 기차에서 내려 그 나무들에 불을 댕겨 활활 타는 나무에서 추위를 녹인다. 나도 따라 내려 불을 쪼이고 있는데 우리가 타고 온 기차는 떠날 생각을 안 하고 뒤차가 오더니 빵 하면서 먼저 떠나지 않겠는가? 나는 하루라도 빨리 부산에 가야 되겠다는 생각에 먼저 떠나는 기차를 잡아탔다. 기차는 한나절이 되니 경상북도 청도역에 닿는다. 청도역에서 얼마나 지체할는지 몰라도 승객들이 우르르 내려 청도역 앞 식당으로 몰려 들어간다. 나도 거기에 끼어 점심을 사먹으러 식당 앞에 갔으나 이북 고향에서 어머니가 주신 이남 돈이 조금 있기는 하나 점심 값이 될는지 몰라 식당 앞을 서성거렸다. 밥값이 모자라면 창피 당할까를 염려한 것이다. 들어갈까 말까? 생각하면서 식당 앞을 왔다 갔다 하는데 어디서 "어이 어이" 누구를 부른다. 나는 이곳에서 나를 부를 사람이 없어 아랑곳하지 않고 계속 왔다 갔다 했다. 지금 생각하면 간첩이 이래서 붙들리는구나 생각한다. 물정을 모르니 주저주저할 수밖에. 그런데 이번에는 더 큰 소리로 "야 야" 한다. 그래도 모른 척했더니 "이놈아 이놈아" 한다. 누가 이러나 하고 뒤를 돌아보니 식당 앞길 건너편에 경찰서가 있고 전시라 입구 초소 꼭대기에 기관단총도 걸려있다. 내가 머리를 돌리는 순간 초소 옆에 서 있던 경찰관이 "너야, 너야, 너 이리와" 한다. 그래서 나는 그곳으로 갔다. 나를 본 경찰관은 "너 어디서 왔느냐"고 묻더니 경찰서 안으로 데리고 간다. 이북에서 피난 온 학생이라 하니 신분증을 내 놓으란다. 부산 부두에서 강원북도 군정장관이 써 준 피난민증을 보여 주니 다짜고짜 "너 빨갱이구나" 하면서 호주머니 안에 있는 것을 전부 꺼내 놓으라 한다. 호주머니엔 북한에서 다닌 고급중학교 학생증과 이남 돈 얼마가 있었다. 헌데 나는 그때 학생이어서 검은 학생모와 마스크를 쓰고 있었으며 이북에서 누이가 중학교 교원이라 월급대신에 배급 받은 국방색 사지 기지로 학생복을 해 입고 있었는데 이것이 사단이었다. 경찰관은 이남에 왜 왔느냐며 바른대로 말하란다. 나는 곧이곧대로 말을 하니 그 경찰은 못 믿겠다며 호통을 치면서 빨갱이 한 놈을 잡았다고 호들갑을 떤다. 버선짝은 뒤집어 보인다 하지만, 내 처지는 난감했다. 계속 같은 말을 되풀이 하니까 심문하는 경찰관은 화가 났는지 부하 경찰관을 불러 엄지손가락 굵기의 참대 세 개를 가져오라 명한다. 그 말을 들은 경찰관은 약 50cm 길이의 참대 세 개를 가져왔다. 심문하던 경찰관이 바른대로 말 안하면 곤장을 치겠다며 으름장을 놓는데 나는 할 말이 없다 하니까 경찰관이 바지를 올려 장딴지를 내 놓으라 명한다. 나는 명에 따를 수밖에 없어 바지를 올렸더니 너 같은 놈들은 맞아야 된다면서 장딴지를 대나무로 갈기기 시작한다. 그래도 나는 바른대로 말했다. 하니까 대꾸한다며 또 때린다. 얼마나 맞았는지 장딴지에서 피가 흐르고 때리던 참대가 부러졌다. 그래도 바른대로 말하라며 아까 그 경찰관을 부르더니 이번에는 아주 가는 참대로 세 개를 더 가져오라 한다. 그것을 받은 경찰관은 장딴지에서 피가 흐르니까 이번에는 양 손바닥을 친다. 가는 대나무로 때리는 것은 더 매섭다. 나는 엉엉 울었다. 그랬더니 운다고 또 때린다. 손바닥에서도 피가 난다. 한참 승강이하던 경찰관은 나에게 생각할 기회를 준다며 어디론가 간다. 그때 아까 참대 매를 갖다 주던 경찰관이 슬그머니 오더니 내가 맞는 것이 안 되었던지 모자와 마스크를 벗고 무조건 잘못했다고 빌라 하면서 가버린다. 얼마 후에 심문하던 경찰관이 오더니 "바른대로 말해라" 하기에 나는 젊은 경찰관 말대로 학생모와 마스크를 벗고 머리 숙여 잘못했다고 했다. 그랬더니 그는 무엇이 잘못했느냐며 다그친다. 그러는 사이 약간 뜸을 들이기에 선생님! 역에 있는 저 기차가 언제쯤 떠날까요? 물었더니 그것은 알아서 뭐하느냐고 핀잔이다. 허나 나는 저 기차를 놓치면 큰일이라 생각했다. 그때의 기차는 떠나기 전에 '빵' 소리를 내며 떠나갈 준비를 한다. 조마조마하고 있는데 별 소득이 없다고 생각했는지 "**다 집어넣어**" 한다. 그 순간이 나는 얼마나 고맙고 기뻤는지 부랴부랴 소지품을 호주머니에 넣기 시작했고 경찰관은 "가" 하고 소리친다. 그때 '빵' 소리를 낸 기차는 칙칙폭폭 하면서 아주 느리게 떠나기 시작했고 그와 맞춰 경찰서를 나온 나는 앞뒤를 가리지 않고 달리기 시작했다.

경찰서에서 역까지는 그리 가깝지도 않고 기차는 점점 속력을 내기 시작하고 그래서 나는 역 개찰구를 통해 가면 기차를 탈 수 있을 것 같지 않아 기하(幾何)학에서 배운 것을 생각, 사선(斜線)으로 뛰는데 설상가상으로 역 둘레에는 가시철망이 쳐 있지 않겠는가? 기차를 타야한다는 일념으로 그 가시철망을 집고 넘어가는데 손바닥을 맞아 피가 나는데 그것도 생각지 않고 무아무중 뛰어 넘으려니 일본군 우비가 걸려 찢어지며 거기다 겨우 철망을 벗어나 막 플랫폼에 올라오려는 순간 기차 선로와 선로를 이어주는 레일에 발이 걸려 앞으로 고꾸라졌다.

만약 기차를 다른 방향으로 보내기 위해 철로가 이어지면 어떻게 되었을까? 발이 으스러졌을 것이다. 허나 나는 떠나가는 기차를 타야 한다는 일념으로 일어나 발을 빼고 다시 여러 갈래의 철길을 건너며 정신없이 뛰어서 플랫폼에 올랐다. 가는 기차를 따라 막 뛰니 기차 속의 사람들이 창문을 열고 손을 내저으며 빨리 오라고 소리치고 청년 몇 분이 맨 뒤 칸의 승차하는 계단에 서서 손잡이를 잡고 앞으로 손을 뻗어 그 손을 잡고 내가 타기를 바란다. 기차는 점점 속력을 내고 나는 젖 먹던 힘까지 내어 뛰었으나 내민 손과 내 손끝이 닿을까 말까 하다가 끝내 손과 손이 쥐어지지 않아 플랫폼 끝자락에서 털썩 주저앉고 말았다. 온 힘을 다한지라 정신을 잃었다. 한참 후에 누가 와서 나를 흔든다. 정신 차리라며 괜찮으냐고 묻는다. 그때야 비로소 나는 몽롱했던 정신이 깨었고 쳐다보니 나를 깨운 사람은 그 역의 역부였다. 나는 괜찮다 하고 다짜고짜 이제 막 간 기차가 다음 역에서 얼마나 서 있을까 그리고 다음 역까지 거리는 얼마나 되느냐 물었다. 그는 기차가 서 있는 시간은 알 수 없고 다음 역까지는 우리 이수(里數)로 한 10리(4km) 좀 넘는다 한다. 나는 고맙다 하고 일어나 가시 철망에 걸려 찢어진 우비와 윗도리, 모자를 벗어 우비에 둘둘 감아 어깨에 메고는 철길을 따라 또 뛰기 시작했다. 그때는 12월말이라 벌써 남쪽은 춥지 않아 뛰다 걷다 하면서 다음 역인 신거역(?)까지 가니 내가 타려던 기차는 거기 서있고 기차안 사람들이 저애가 온다며 야단이다. 그 기차를 타려는 순간 또 뒤에서 기차가 온다. 청도역에서 서둘지 않고 있었으면 뒤에 온 기차를 탈 수 있는 것을 조마조마하게 한 것이다. 그때는 기다리는 여유를 몰랐던 것이다. 나는 뒤에 온 기차가 먼저 떠나기에 다시 그 기차에 옮겨 타고 부산으로 왔다. 기차 안은 틈 둘 여유도 없이 사람으로 붐벼 몇몇 젊은이들과 같이 위험을 무릅쓰며 기관차 화통을 끼고 앉아 추위를 이겨 내었고 그러다 보니 석탄 연기에 특히 굴속을 지날 땐 검은 연기를 흠뻑 뒤집어썼다. 그렇게 하여 나는 부산에 올 수 있었고 북한 원산에서 함께 온 일행 속에 다시 끼게 되고 길고 긴 실향민 피난생활이 시작되었다.

청도역에서 있었던 일을 생각하면 지금도 가슴 아프고 우습기도 하다. 남북이 언제 자유로운 왕래가 이루어질까.....

나눔의 즐거움

전쟁터에서 부상자를 차별 없이 도우려는 의도에서 탄생한 국제적십자운동은 국제적, 국내적 역량을 발휘하여 어디서든지 인간의 고난을 덜어주고 예방하기 위해 노력한다.

한국이 처음으로 적십자 사회의 국제무대에 진출한 것은 1903년(광무 7년)이며, 1905년 10월 27일자로 대한적십자사 규칙이 고종 황제 칙령 제47호로 반포됨으로써 국내적인 적십자 활동이 시작되었다.

대한적십자사는 창립 이래, 국가와 민족과 함께 고난과 시련을 겪으면서 온갖 부당하고 억울한 인간의 고통을 덜어주기 위해 헌신해 왔다. 인도주의(人道主義) 사업에 있어서 때로는 국가의 보조자로서 사랑과 봉사의 사명을 수행해 왔다. 특히 분단이라는 비극적 상황에서 발생한 더욱 뼈아픈 인간 고통과 가족 고통을 덜어주기 위해 끊임없이 노력해 왔다. 이것은 민족의 화해와 평화로 이어지는 인도주의 운동이기도 하다.

가을이 무르익은 지난해 11월 8일 대한적십자사 창립 106주년 서울특별지사 연차대회가 서울 성동구 마장동 소재 적십자문화회관에서 소박하고 조촐하게 치러졌지만 여느 행사 때와는 다른 감동의 파노라마가 펼쳐졌다. 행사장 현관에는 축하화환 대신 불우이웃을 돕기 위한 쌀 포대가 김장김치를 곁들여서 축하 리본을 달고 쌓여 있었다. 소외된 이웃의 겨울 양식으로 나누어 드리는 것이란다.

적십자봉사원 400여명을 비롯하여 총 500여명이 참석하여 한 시간 남짓 진행된 행사에는 "친구란 나의 슬픔을 그의 등에 짊어지고 가는 사람"이라는 짤막한 영상을, 친구가 되어 소외된 삶의 곳곳을 누비는 적십자 남녀 봉사원들의 활동을 담은 3분짜리 영상이 참석자로 하여금 감동 속에서 스스로에게 깊은 성찰과 욕구의 순간을 갖게 했다.

2만 시간의 봉사활동을 한 봉사원을 비롯하여 각계각층의 적십자활동 유공자를 포상하는 자리에는 네 손가락의 피아니스트 이희아 씨도 있었다.

그녀는 적십자 홍보대사로 활동하면서 적십자회비 모금을 돕는 지하철 콘서트와 자선걷기대회 공연을 여는 등의 공로로 수상한 것이다. 다른 수상자와 함께 무대에 선 "엄지공주" 이희아 씨는 그 자체로서 이미 나눔의 의미와 이웃사랑을 어떻게 실천할 수 있는지를 온몸으로 보여 주었다. 이날 들려준 그녀의 피아노 연주는 환상적이었다. 환희의 송가 중 "기뻐하며 경배하세"와 뮤지컬 맘마미아 수록곡 중 "I have a dream"은 마치 하늘에서 내려 온 선녀가 연주하는 것 같았다.

이날 또 한 명의 스타가 홍보대사로 위촉되었다. 어려운 환경으로 성악가의 꿈을 접고 야식배달부로 힘든 삶을 살다가 그 재능을 높이 산 주변 사람들의 추천으로 한 TV프로그램에 출연한 것을 계기로 스타가 된 테너 김승일 씨이다. 그의 삶의 전기가 짤막하게 화면으로 소개되고 그가 무대에서 홍보대사로서 온몸으로 축가를 부를 때 감동은 극에 달했다. 축가가 끝나자 참석한 모든 사람들이 봉사원들과 함께 "사랑합니다."를 외치며 더러는 기립박수로 환호하면서 앙코르를 연호하니 장내는 흥분의 도가니 속에 빠졌다.

연차대회를 주관한 서울특별지사 제타룡 회장은 기념사에서 "지구촌을 돌아보면 어두운 면과 밝은 면이 있습니다. 어두운 면은 구라파의 국가중심의 복지제도와 부실 부채로 인한 어려운 경제여건을 어떻게 회생시킬 것인가에 세계 뉴스의 초점이 되고 있습니다."라고 하고는 "밝은 면은 나눔 문화의 발달로 자본주의 혜택을 받지 못하고 있는 아프리카에 세계에서 매년 120억 달러 규모가 지원되는가 하면, 한편으로 일시적 지원보다는 자립할 수 있도록 교육, 기술, 아이디어, 제도 등을 지원하자는 목소리가 높아지고 실천하는 단체와 개인이 늘어나고 있다는 것입니다." 하면서 자원봉사자 가운데는 2만 시간이상 넘게 봉사하신 분이 25분이 있는데 개인적으로 작은 성인(聖人)이라고 불렀다.

그리고는 "산이 높으면 골이 깊은 것과 같이 우리나라의 괄목할만한 성장 뒤에는 그늘진 곳이 있기 마련입니다. 우리는 이 그늘진 곳을 좀 더 밝게 하는데 관심과 협력을 갖고 공동 노력해 나가야 합니다."라고 역설했고, "나눔은 감사하는 마음과 고리를 같이 하니 투명한 유리창처럼 마음을 닦는 선함과 순수함으로 자신을 깊이 들여다보고 마르지 않는 샘물처럼 솟아올라 맑은 물 한 동이씩 이웃에 나누어 주는 사람이 됩시다." 라고 했다.

보이지 않는 어디선가에는 벌써 봄이 오는 소리가 들리는 것 같다. 하지만 여전히 사시사철 추운 겨울을 지내는 사람들이 있으니 모르는 척 할 수는 없다. 그렇게 생각하니 "삶이란 나 아닌 그 누구에게 기꺼이 연탄 한 장이라도 되는 것이다."라고 여긴다.

지금 적십자사는 세계 어디에 살고 있든지 차별 없이 소중한 생명을 보호 받는 일을 하는데 드는 자원 마련을 위해 적십자회비 모금 운동을 2월과 3월에 걸쳐 집중적으로 전개하고 있다. 금년도 일차 목표액은 5백억 여원이라 한다. 우리 모두 즐거운 마음으로 모금 운동에 참여함이 어떨까? 그리하여 나눔의 즐거움을 만끽해 보자.

옹기의 과학성

결실의 풍요로운 계절을 맞으면서 예전과 다름없이 겨울 채비를 위해 아낙네들이 독개 그릇을 갖추는 계절이 되기도 한다. 독개 그릇이란 옹기를 일컫는 말로 가을이 되면 앞으로 닥칠 겨울 김장을 담을 독개 그릇과 음력 정월 무오일(正月 戊午日)에 장을 담글 그릇을 구비한다. 즉 음력 정월 보름이 지나면 우리의 고유한 조미료인 장(醬)을 담그며, 삼사월이 되면 고추장을 담근다. 그리고 조기젓과 새우젓을 담그는 것도 우리 아낙네들의 일이 되고 있었다.

가을이 되면 장을 담근 그릇에서 간장과 된장을 가려내 간장독과 된장독, 고추장 항아리는 장독대에 보관하며, 젓갈류와 소금독을 응달진 창간에 분리 보관하는 습관을 갖고 있다. 또한 독개 그릇은 우리의 고유한 발효식품 발효용기로 쓸 뿐만 아니라 곡식을 저장하는 그릇으로 널리 쓰여 지고 있다. 이 그릇은 숨쉬는 그릇으로 불려지기도 한다.

'옹기가 정수·정화작용을 한다' 무슨 근거가 있느냐고 묻겠지만 이

미 과학적 근거들이 수많은 논문과 실제들을 통해 제시하고 있다.

김장철이 다가오면서 올 김장을 플라스틱 또는 세라믹 그릇들을 쓸 것인가, 김치냉장고를 쓸 것인가, 아니면 자연 정수·정화되는 우리 전통 옹기를 쓸 것인가.

실제로 우리나라 대가(大家)집에서는 부엌과 가까운 뒤뜰 높직한 한 마당 양지바르고 바람이 잘 통하는 곳에 네모진 벽돌로 크게 장독대를 만들고 온갖 독개 그릇을 정갈하고 예쁘게 배치한다. 독 안에는 된장이며 간장 등이 들어 있고 때맞추어 조미료로 식탁에 오른다. 독은 북쪽 지방의 것은 옹기의 아구리의 넓이가 넓은 반면에 배 부분이 부르지 않고 키가 높은 모습을 취하고 있으며 호남지방의 옹기는 아구리가 좁고 어깨가 많이 퍼져 있으며 배가 불룩하고 반면에 밑이 아구리의 직경과 비슷하다. 북쪽 생활을 해 온 나의 경우는 옛날 쌀가마니 서너 개가 들어갈 크기의 독이 곡간에 즐비했고, 땅에 파묻은 김장독 역시 배추 150 내지 200포기가 들어갈 만큼 크기의 것이 있었다. 그리고 담 안쪽 양지 바른 곳에는 크고 작은 독이 수두룩했는데 지금 생각하니 그것이 장독이었다.

장독은 가지런하고 예쁘게 놓아 균형이 맞아야 한다. 옛날에는 장독대의 자리가 좋고 장독이 반듯하고 가지런하면 그 집안이 크게 일어날 것이라고 했으며, 이사 갈 때도 장독대부터 옮겨 놓았다. 시집 갈 규수를 보러 온 매파나 시집 식구들은 장독대를 보고 그 집 주부의 품위와 사람됨을 알아보고 혼사를 결정하기도 했다니 옹기 즉 독개 그릇의 힘이 얼마나 대단했을까?

옹기는 숨쉬는 그릇으로 불려지기도 한다. 숨을 쉬는 그릇이란 장을 담가두면 소금적이 겉으로 배어 나오는 것을 말하며 그래야 좋은 독이라 한다. 즉 '숨쉬는 독'이다. 우리의 고유한 부식인 김치와 깍두기 등을 오래 신선도를 유지시키는 그릇으로 사기그릇보다는 옹기그릇이 더 좋은 것으로 여겨져 오고 있다는 것은 선조들의 지혜이다. 허나 지금은 김치냉장고가 대신하고 있으니 씁쓸하다. 비좁은 도시생활에서는 장독대 보기란 여간 어렵고 때론 철대문 기둥 베란다 위에 독을 놓아 구색 갖추는 집도 있다.

경기도 파주시 군내면 백련리(일명 통일천)는 파주 장단콩 마을이다. 콩의 원산지는 우리나라라고 알려준다. 특히 장단지역에서 재배되는 콩은 임금님께 올리는 진상품으로 우수한 품질을 자랑한다. 장단콩은 단군 이래 콩 장려품종으로 선정된 지역의 이름을 가지고 있는 토종 개량콩이다.

장단콩 마을은 우리 콩과 우리 농산물을 지켜가며 많은 사람들과 함께 나누고자 하는 마음으로 뜻을 함께 하는 구성원들이 결성된 영농조합이 있다. 일컬어 '파주장단통일촌콩 영농조합법인'이다. 드넓은 마당에 널찍널찍한 돌로 바닥을 깔고 된장, 고추장, 간장독이 열 지어 엄청나게 놓여 있는데 가지런한 독이 햇볕을 받으며 놓여 있는 것에 심미감 마저 갖는다.

우리나라는 전통적으로 맑은 물이라도 정화시키면서 물을 마시는 습관을 예부터 갖고 있다는 사실이 있었음은 상식으로 알려져 있다. 물을 정화하고 발효식품을 신선하게 발효 및 신선도를 유지시키며, 변질과 부패방지 기능 등을 갖고 있는 옹기는 선조들이 남겨 준 신기의 유물이다.

행복한 삶

지금 세계는 하나의 생활권으로 가고 있으며, 인류는 행복한 삶을 희구하고 있다. 우리는 성인(聖人)은 아니지만 절대윤리(絶對倫理)를 마련해야 하는 소명 속에 살고 있다.

우리는 누구나 뜻있고 행복한 생활을 염원한다. 어떠한 생활이 뜻있고 행복한 것인가 하는 것은 간단하지 않다. 그것은 모든 사람이 각양각색의 인생관, 가치관, 행복관을 가지고 있기 때문이다.

무엇을 가장 가치 있게 보며, 어떠한 생활을 가장 행복하게 생각하는가 하는데 따라 그 사람의 생의 방향과 자세가 결정되며, 여기서 인간의 이상도 싹트게 된다. "행복의 비밀은 자신이 좋아하는 일을 하는 것이 아니라, 자신이 하는 일을 좋아하는 것이다"라고 말할 수 있다.

건전한 인격과 행복한 생활, 이것이 거의 모든 사람의 모든 소원과 목적의 공약수라고 할 수 있겠으나, 이 공통된 목적을 위한 조건들이 또한 사람마다 다른 것도 어쩔 수 없는 사실이다. 건강·덕망·지식·

명예 · 미 · 용기 · 우정 · 학벌 · 문벌 등등 여러 가지가 있을 것이다. 그러나 인간이 행복한 생활을 하고, 뜻있는 생애를 보내기 위해서는 언제나 변함없는 세 가지 필수조건이 있다.

첫째는 건전한 인격 수련과 자주 생활의 능력을 기름이오.
둘째는 이웃 사람들과 사이좋게 협동함이오.
셋째는 책임과 사명을 올바로 알고 이행하는 일이다.
이 모든 것은 꾸준한 노력 없이는 실현 불가능한 것들이다.

첫째로 건전한 인격 수련과 자주생활의 능력을 갖추기 위하여서는 우리 모든 사람에게 다 같이 부여된 고귀한 인간성을 올바로 키워 성실하고 양심적인 인간이 되는 동시에, 각각 타고 난 개성과 소질과 환경에 지식과 기술을 닦음으로써 유능한 일꾼이 되어야 하겠다.

둘째로 이웃과 사이좋게 지내기 위해서는, 모든 사람의 생명과 인격이 존엄하고, 인권(人權)이 평등함을 인정하는 동시에 그 개성과 직분의 다름을 서로 이해하고 존중하여야 한다. 그러기 위해서는 이웃에 대한 깊은 이해와 따뜻한 사랑이 필요하며, 서로 협동하고 봉사하는 정신이 필요하다. 봉사(奉仕)란 타인에 대한 배려와 공동책임의 주요한 표현의 하나이다. 이것은 겨레 또는 전 인류를 도우려는 인간의 욕망을 효과적인 행동으로 옮김으로써 행복한 인간관계의 중요한 요소가 된다.

셋째로 책임과 사명을 올바로 알고 이행한다 함은 우리의 하루하루 치르어 나가는 모든 일들을 결코 그때 그때에 즉흥적, 충동적으로 할 것이 아니라, 그 일의 원인과 결과에 대한 책임을 지고, 과거의 역사와 전통이 미래의 목표와 이상에로 연결되어 발전하고 전진하도록 힘쓰는 동시에 나와 불가분의 관계를 통하여 수행해 나가는데 있다.

그런데 이 모든 일들은 굳건하고 성실한 노력 없이는 어느 한 가지도 제대로 이뤄지기 어렵다. 목적과 이상이 높으면 높을수록 거기 도달하기 위해서는 꾸준하고, 굳건하고 힘찬 노력을 필요로 할 것이기 때문이다.

즐겁게 살고 싶다. 행복하게 살고 싶다. 이것은 모든 사람의 희망이다. 그 길은 하나 밖에 없다. '지키면 행복해지는 절대윤리(絶對倫理)'를 마련하는 일이다. 이것만 마련되어 착한 일을 하면(삶의 도리만 지키면) 행복해지기 때문에 사람들은 스스로 도의(道義)를 지키게 되고, 세상의 정화(淨化)는 자연의 추세가 되어 나날이 정의로운 세상이 이룩되어 갈 것이다.

언제나 올바르게, 이것은 명랑(明朗, 맑고, 쾌활하게), 애화(愛和, 서로 아끼며 사이좋게), 희동(喜動, 기꺼이 일한다)으로 이것을 더욱 압축하면 순정(純情), 진솔(眞率, 진실하고 솔직함)의 하나가 된다.

영국인은 '지식은 힘이다.' 프랑스인은 '지식은 재산보다 낫다.' 공자(孔子)는 논어의 첫 머리에서 '학문을 배우는 것처럼 즐거운 일은 다시 없다'고 말했듯이, 지식이 있어야 힘이 생기고, 힘차게 활동해야 재산이 생기며, 재산이 생기면 생활을 행복하게 살 수 있다. 이것은 모두 지식을 얻어 행복을 추구하는 말들이다.

사람들은 가슴에 남모르는 희망의 씨 하나씩 묻고 살아가고 있다. 그 희망이 언제 싹틀지 아무도 모른다. 그러나 그 희망의 싹이 트기를 기다리다가 아름다운 삶의 열매를 맺는 사람이 된다.

꿈을 품고 시작하라. 새로운 길을 시작하는 용기 속에 당신의 천재성과 능력과 기적이 일어나고 행복한 삶이 엮어진다.

온돌의 정취, 그리고 현규환 박사

우리나라에서 20세기는 대단한 변화의 시기다. 조상들이 대대로 이어오던 생활방식을 거의 버리고 서양식으로 바꾸었기 때문이다. 집도 예외일 수는 없다.

한국의 전통적인 가옥은 한옥인 기와집이거나 초가집이고 난방법은 온돌(溫突), 즉 방구들이었다. 아궁이에 불을 때면 아궁이에서 생성된 연기를 머금은 뜨거운 연기가 구들장(방바닥)의 고래를 지나면서 난방이 되고, 그 연기는 구들장 끝 굴뚝으로 빠져나가는 방식의 난방법이다. 다시 말해 아궁이에 불을 때면 화기(火氣)가 방밑을 지나 방바닥 전체를 덥게 하는 난방장치를 말하는데, 온도가 높아진 돌이 방출하는 열로 난방 하는 것으로 공기의 대류로써, 취사와 채난(採暖)을 함께 할 수 있어서 가장 저렴한 난방법이기도 하다.

추운 겨울을 나기 위해 구들 고래를 만들고, 고래 위에 구들장을 놓아 아궁이를 통하여 받아들인 '열'을 구들장에 저장했다가 서서히 복사열을 방출하여 방바닥이 따뜻해지도록 고안된 위생적인 난방구조다. 이를 중국에서는 강(炕)이라 하고 한국에서는 구들이라고 한다. 온돌과 강은 그 외형과 재료에 있어서 차이가 있으나 그 구조와 방법이 동일하고 원류도 같다.

대한적십자사 보건부장과 서울적십자병원장을 지내시고 미국에서 타계하신 인도주의 의사 건민 현규환(健民 玄圭煥, 1901~1993) 박사는 일찍이 옛 경성의학전문(현 서울의대)을 나오신 뒤 뜻한 바 있어 만선일보(滿鮮日報) 현상논문「재만 조선인의 생활개선책(在滿 朝鮮人의 生活改善策)」이 1등으로 당선된 것을 계기로 만주의과대학 위생학연구소에서 연구,「강 및 온돌의 위생학적 연구」라는 논문으로 의학박사 학위를 받으셨다. 이때 현 박사는 온돌 연구는 일제하에서 할 수 있는 독립운동이며, 온돌이야말로 우리 조상이 개발한 세계적인 난방법이니 조상의 문화를 과학적으로 연구한다는 것은 후손으로서 매우 보람 있는 일로 여겨 당시의 북만주, 남만주의 270여 개의 만주인 강(炕)과 우리나라 13도(道) 온돌의 구조, 재료, 축조법, 연료비 등을 조사하였고 학교 연구실에 약 34㎡ 넓이의 가옥(假屋)을 만들어 실험용으로 이용하였다 한다. 이 밖에도 우리나라 난방상태를 조사하여 실내평균 온도와 바닥온도, 외기(外氣)와의 온도차, 바람과 아궁이를 열고 닫았을 때 실내 공기의 상승정도, 각 상태에서 탄산가스 농도에 따른 실내 공기 오염 정도, 입는 옷과 앉음새에 따른 쾌감대를 조사하여 수치화하기도 하였다.

세계 역사에서 온돌을 처음 개발한 이는 한국인의 조상이며, 이 사실이 문헌에 처음 나타난 것은 6세기 초엽인 중국의 후위(後魏)시대였고 그 뒤 100년을 지난 7세기 중엽의 구당서(旧唐書) 고구려전(高句麗傳)에는 우리 조상들이 온돌에서 생활했음을 더 자세히 증명해

주고 있다 한다.

즉 고구려 사람은 겨울에 모두 긴 구덩이를 만들어 밑에 불을 때어 따뜻하게 한다(冬月皆作 坑下然溫火 以取暖)는 기록이 있다.

구들과 서양 벽난로를 비교해 보면 오늘의 과학적 작동원리를 쉽게 이해할 수 있다. 서양의 대류난방(스토브, 페치카 등)은 실내 공기를 직접 데우는 방식이다. 연료의 변화와 난방설비 수준의 향상으로 나무를 때던 아궁이의 모습은 점차 사라지고 연탄으로 방바닥을 덥혀 따뜻함을 얻는 온돌방 고유의 정취는 한국의 주택에서 아직도 빼놓을 수 없는 요소로 남아 있다.

한겨울 뜨끈뜨끈한 방에 이불을 깔아놓고 온 식구가 이불 속에 발을 담그고 아궁이에서 건져낸 숯을 담은 화로에 밤이나 떡 또는 옥수수를 구워 먹으며 할아버지나 할머니의 재담을 듣는 구수함은 생각만 해도 군침이 돈다.

도시, 농촌 할 것 없이 아파트가 즐비하지만 방바닥을 구들 대신 플라스틱 파이프를 깔아 더운 물을 통하여 난방을 하는데 환경은 깨끗하나 옛적의 구들 아랫목 맛은 찾을 수 없어 아쉬움이 남는다.

의술(醫術)이 인술(仁術)임을 신념으로 삼았던 현규환 박사는 관북 함경북도 경성(鏡城) 태생으로 1951년 51세 때에 애국단체 진생회(眞生會) 주최 신생활운동 논문현상모집에서 「우리의 신생활설계서」로 1등 당선하였으며 1976년에는 76세 나이에 일생동안 손수 수집한 한국유이민에 관한 사료(史料)를 정리하여 저술한 『한국유이민사(韓國流移民史)』 상・하권(상권 1,000쪽, 하권 1,000쪽)으로 한국일보사 제정 제17회 출판문화상 저작상을 받은 노익장이셨다.

이 책의 서문에서 사학자 김상기(金庠基)박사는 "현규환 박사는 일찍이 도규계(刀圭界)에 종사하는 한편 우리 민족의 유이민(流移民)에 관하여 종으로, 역사적으로 세계적으로 조사와 연구를 거듭하여 대편찬을 이룩하기에 이르렀다. 이러한 종합적이요 체계적인 편찬사업은 실로 이 분야에 있어서의 효시(嚆矢)로서 지금까지 베일에 가려져 있던 수많은 사실(史實)과 비화가 햇빛을 보게 되었으며… 현 박사의 애족적 성의와 노고에 거듭 경의를 표한다"고 극찬하였고 이선근(李瑄根)박사도 "우리 민족의 생활을 연구한 나머지 고대로부터 현대에 이르는 우리나라 유이민의 모습과 발자취를 골고루 더듬어 방대한 자료를 수집, 정리하여 대저(大著)를 간행한 것은 얼마나 크나큰 기쁨이냐"고 했다.

현규환 박사는 의사로서 서울에서 건민의원(健民醫院)을 경영하는 한편, 독실한 기독인으로 서울 중구 신당동에 중앙교회를 설립하였고 유치원도 운영하였으며 장학 사업에도 온 힘을 기울였다.

대한적십자사 시절에는 시력장애자 백내장 무료수술, 절해고도 무료진료반 인솔과 시술, 백만인의 구충운동 전개, 안전지도요원 양성, 지방에 적십자 병원을 신설하거나 이미 있는 병원의 시설 개선, 국립중앙혈액원을 인수하여 대한적십자사 혈액원을 설립하고 오늘날의 적십자 혈액사업 기틀 마련 등 다대한 공로로 대한적십자사 창립 70주년 기념식에서 박애장(博愛章)을 수상하였으며 말년에 자손들이 살고 있는 미국에서 사시다가 1993년 92세에 타계하셨다.

그분을 아끼는 의료계 인사, 믿음의 세계에 사시는 분 그리고 적십자인들은 그분의 공적을 기리고 명복을 빈다.

법리(法理) 속의 인간

사회(社會) 있는 곳에 법(法)이 있다. 법격언(法格言)이다.

이것은 사회가 있으면 법이 있기 마련이라는 의미도 되고 법은 사회에만 있다는 의미도 된다.

복잡한 사람과 사람과의 관계에는 각각 그 관계를 규율하는 규범(規範)이 있어야 한다. 사회생활의 질서유지를 위하여 지켜야 할 규범이 '사회규범(社會規範)'이다.

법은 인간이 인간을 위해 만든 것이다. 법정에서는 다투어지고 있는 사건에 대해 법을 적용한다. 판결이 내리면, 소송당사자는 혹은 웃기도 하고 혹은 울기도 한다. 이처럼 법 속에서 인간은 승패가 갈리고, 이해가 서로 다르고 친구와 원수를 구별하게 만든다. 재판관은 인간의 운명을 결정하는 셈이다. 그래서 "법률가(法律家)는 현대의 주술사(呪術師)"라고 말하기도 한다. 어린아이들이 부모를 전지전능(全知全能)의 권위로 믿고 의지 하듯이 성인들은 법의 권위를 믿고 의지한다고 한다.

독일의 법학자 구스타브 라드브루흐(G. Radbruch, 1878~1949)는 “법에 있어서의 인간”이란 저서에서 법이 지배하며 법규가 적용되는 대상이 되는 인간은 어떠한 종류인가를 다루었는데 법이 명령하는 상대인 인간상(人間像)은 법이 발전하는 과정에 있어서 각 시기(時期)마다 다르다고 했다.

현실의 인간은 제멋대로 살기를 좋아하기 때문에 법규의 구속을 받는 것을 싫어하며, 심하면 일체의 법질서를 부정하는 데까지 이르기도 한다. 아나키스트(Anarchist, 무정부주의자)의 입장이 바로 그것이다.

오늘날 ‘법’이라고 하면 먼저 권리(權利)를 생각하게 되지만 중세(中世)에는 권리보다 의무(義務)가 강조되었다. 당시에도 권리는 있었지만 그것은 ‘의무에 의해 뒷받침을 얻은 권리’에 불과했다. 습속(習俗) 및 종교를 통해 의무 및 공동체에 결부된 인간이 바로 중세의 법적 인간상이었다.

르네상스 이후, 개인은 공동체로부터 해방되고, 해방된 인간은 이미 의무에 의해서가 아니라, 오직 이익(利益)을 탐하여 개인으로서 법의 주체(主體)가 되었고, 인간은 욕망의 화신(化神)이 된다. 이때부터 ‘법’은 모든 사람을 상인(商人)과 동일시하고 노동자까지도 ‘노동’이라는 상품을 파는 사람으로 보게 되었다. 이것은 이른바 ‘경제인’에 대응하는 ‘법률인’으로서의 인간상이었다. 이 단계에 있어서는 전적으로 ‘권리’가 강조되었다.

예링(Jhering, 독일법학자, 1818~1882)은 “의무의 불이행뿐 아니라 권리자가 자기의 권리를 주장하지 아니하는 경우에는 법질서는 송두리째 무너지고 만다" 하면서 권리를 위한 투쟁은 '권리자의 의무'라고까지 강조했다.

어느 사회의 법을 생각할 때 그 사회를 구성하는 구체적 인간들을 떠나서 생각할 수 없다. 특히 사회 구성원의 양속(良俗)이나 교육과 분리해서 '법'을 이해하거나 법을 운용한다면 그 사회는 파탄에 빠지게 된다고 플라톤은 강조했다. 따라서 법의 이해에 있어서 무엇보다 중요한 것은 구체적 인간이 '법'을 어떻게 생각하고 있는가 하는 것이다.

우리나라 사람들은 원래 법을 그렇게 달갑게 생각하지 않는 전통적 의식을 가지고 있다고 이야기한다. 이러한 점은 나의 것과 남의 것을 잘 구별하지 않는 데에서 단적으로 나타나며, 이러한 점에 대한 원인을 생각해보면 주거환경이 공동생활이라는 점과도 관련이 있다. 또한 법에 대한 일반국민의 인식이 법이란 마음대로 만들어서 힘없는 사람을 들볶는데 이용하는 것으로 생각하는 것도 그 한 이유가 될 수 있을 것이다. 다른 한편 양심적이고 어진 사람들은 법을 몰라도 되고, 그저 점잖은 사람으로서 덕(德)이나 예(禮)를 소중하게 여기면 된다고 생각되었다. 또한 선불리 법에 끼어들면 망신당하기 쉽다는 생각도 가지고 있다. 이러한 현상을 우리나라를 비롯한 동양에서 나타나는 '법'을 천시하고 혐오하는 전통사상이라고 말한다.

법에 관한 지식이 없으면 우리는 하루도 온전한 생활을 하지 못한다. 가령 일간(日刊) 신문을 보면 반드시 법률문제가 보도된다. 이는 정보화시대의 산물이다.

인류가 지구상에 살기 시작한 태고(太古)부터 '질서'를 유지하는 '법'이 존재했고 그래서 법학은 철학과 더불어 학문 중 오랜 역사를 자랑한다.

그러나 일반인은 먼저 의식주(衣食住)라는 경제문제가 앞서기 때문에 법률문제는 돌볼 여유가 없을 수도 있다. 그리고 법률을 경시하거나 법학은 가치가 없다고 한다 해도 우리는 매일 법률의 구속을 받으면서 살아야 하며, 이 순간에도 법률은 사회질서를 유지하기 위하여 그 임무를 수행하고 있다.

그러면 '법'은 어디에 있을까? 법은 '법전(法典)' 속에 문자로 쓰여져 있기도 하고 불문법(不文法)으로 우리들의 머릿속에 담겨져 있기도 하다.

그 어느 것이든 인간의 행동에 적용되어 손해배상을 물리기도 하고 혹은 처벌의 고통을 주기도 한다.

사람은 먹고사는 경제생활도 중요하지만 경제생활에서 소망하는 목적을 이룰 수 있도록 성공하려면 법을 잘못 지켜 뜻밖의 손해배상을 물게 되거나 형사상(刑事上) 처벌을 받지 않도록 조심해야 한다.

♣ 우리는 집 없이는 못 산다 : 소유권(所有權)의 문제다.

♣ 의복을 사서 입어야 한다 : 매매계약이다.

♣ 결혼해야 인생의 행복을 알 수 있다 : 혼인법(婚姻法)의 문제다.

♣ 자동차에 치어 부상을 입었다 : 불법행위의 문제다.

♣ 다른 사람에게 폭행을 가했다 : 이것은 형법(刑法)의 문제다.

이렇게 볼 때 인간의 모든 행위가 법의 지배를 받을 수 있다. 이처럼 인간생활과 밀접한 관계가 있는 것이 '법'이다. 한 나라 한 민족이 부강하게 발전하여 모든 국민이 평화를 누리고 살 수 있었던 시대치고 법질서가 제대로 확립되지 않은 경우는 역사상 거의 없다. 따라서 법을 지키는 자세, 즉 준법정신(遵法精神)은 한 나라의 부강(富强)과도 밀접한 관련을 가지고 있다.

우리의 생활을 둘러보면, 법을 잘 지키지 않는 경우가 많다. 법을 무시하거나 경시하는 풍조가 만연되면 결국 사회에는 법의 지배가 아닌 '힘에 의한 지배'를 가져오게 될 것이고, 이는 국민의 자유와 인권의 침해를 초래하여 민주사회의 근간을 흔들 수 있게 될 것이다.

국가와 사회 그리고 개인의 생활을 가장 공평하게 영위할 수 있는 규범으로서 제대로 그 기능을 다할 수 있기 위해서 우리는 어떠한 노력을 하여야 할 것인가? 올바른 법을 만드는 노력에서부터 올바르게 법을 적용하고 집행하려는 노력, 그리고 개인의 이익과 일시적으로 맞지 않는다고 해서 법을 멀리하는 태도 등을 개선할 수 있는 노력을 기울여야 한다.

이것이 법에 내재(內在)하는 사리요 법리 속의 인간이다.

제2부

발자국으로 길을 내며

일본 여관 유감(有感)

올 3월, 봉직하고 있는 대학의 자매대학인 일본 메지로대학[目白大學] 졸업식에 참석하는 기회를 가졌다. 메지로대학은 몇 번에 걸쳐 나를 초청하였지만 나의 개인적인 사정과 여건이 좋질 않아 마다하였는데 마냥 그럴 수 만은 없었고 이번엔 동 대학 이사장이자 학장(우리나라로 치면 총장)이 특별히 초청장을 보내주어 10여 년 만에 다시 일본 여행을 하게 되는 즐거움을 가졌다.

3월 18일, 12시 45분 NH[全日本] 0918편으로 인천국제공항을 떠나 일본 나리타공항에 도착하니 15시 30분 경이었다. 나리타공항은 여러 번 들렀지만 꽤나 크고 시설도 과연 국제적이다.

마중나온 메지로대학 고바야시 히로시[小林 寬] 교수의 영접을 받고 그의 차로 동경 시내로 들어갔는데, 그날 따라 동경지역은 비가 많이 와 자동차가 움직이지 못할 정도로 교통이 혼잡했다. 한 발자국을 가면 두 발자국을 쉬는 소걸음이다. 그러다 보니 오후 6시 30분의 사토 학장 부부와의 만찬시간이 가까워져 호텔에 들르지도 못하고 일본 동경 내의 신시가지 신주쿠(新宿) 모 음식점으로 갔다. 거기엔 고바야시 부인도 기다리고 있었고 사토 학장의 부인 미찌고 여사는 일본 고유의 의상인 키모노를 곱게 받쳐 입고 나를 맞이하여 주니 마치 선녀를 만나는 듯 황홀하기까지 하였다. 50대 후반의 미찌고 여사는 키는 그리 크지 않지만 지적이며 귀태가 흐르는 일본 여성으로서 꽤나 미인에 속하는 분이다. 특히 일본식 다도(茶道)에 조예가 깊어 많은 사람이 흠모한다. 우리는 사토 학장의 여러 번에 걸친 우리 대학의 방문으로 친숙한 사이다. 판문점, 창경궁 내의 이방자 여사가 거처하시던 낙선제(樂善齊), 비원 그리고 인사동 거리 등을 안내하면서 두분과는 친숙한 사이가 되었다.

오랜만에 한자리에 모인 우리 다섯은 일본식 특유의 집에서 갖가지 일본 요리와 일본 술로 1차를 하고 다시 자리를 옮겨 한국적인 저녁을 겸하며 '참이슬[眞露]'을 곁들여 마시니 어지간히 취기가 돈다. 엄격하다던 사토 학장도 신분을 풀어버리고 흥겹게 지냈다. 다시 3차까지 가고나서야 밤늦게 신주쿠의 힐튼호텔에 투숙할 수 있었다.

다음날 3월 19일은 메지로대학 이와쯔키 캠퍼스의 졸업식 날이다. 메지로대학은 규모는 그리 크지 않지만 역사와 전통을 자랑한다. 동경 북동쪽 사이타마겐 이와쯔키시(埼玉縣岩槻市)에 있는 캠퍼스와 동경 시내의 신주쿠 캠퍼스를 갖고 있다. 신주쿠 캠퍼스에 학교 본부가 있으며 의과대학 신축을 진행중이다.

어제까지 줄기차게 내리던 비도 언제 왔더냔 듯이 아주 쾌청한 날씨다. 이와쯔키 캠퍼스의 졸업식은 10시 30분에 동 대학 강당에서 열렸는데 엄숙하고 규모 있게 진행되었다. 특이한 것은 학장 이하 교수진은 모두 연미복을 입었으며 졸업생들은 여학생은 화려하면서도 품위 있는 키모노 옷에 게다(일본식 전통 신)를 신었고, 남학생은 검은 양복에 넥타이를 매고 있었다. 우리나라와는 달리 '가운'에 사각모를 쓰지 않았고 식장에 정연히 앉아 절도 있게 새 인생을 맞는 모습이 인상적이었다.

나는 분에 넘치게 귀빈석에 자리했고 사토 학장의 배려로 졸업생들에게 일본어로 인사와 우리 대학교 총장의 축하 메시지 낭독의 기회를 가져 무한한 영광이었다.

본말전도(本末顚倒)다. 이야기는 이제부터다. 변덕스러움이 늙은 시어머니 마음이라더니 동경의 날씨는 하루가 다르다. 3월 20일은 토요일이다. 동경은 또 비다.

서울을 떠날 때부터 계획했던 것이지만 북해도(北海道) 구경을 마음에 새겼고 그러면서 언젠가 한번은 호텔이 아닌 일본식 여관(旅館)에서 묵을 것을 마음 먹었다. 청결한 다다미방에 우리의 장롱과 같은 '오시이레'가 있고 키모노 옷을 곱게 차려입은 여인이 방 입구에 정좌하고 앉아 두 손을 무릎에 공손히 포개고 들어오는 손님을 머리 숙여 웃으면서 즐겁게 맞이하는, 그리고 식사도 방마다 따로 밥상을 차려주면서 일본식 주전자에 차도 따라주는 낭만적인 장면을 상상하면서 하루의 피로를 푸는 기회를 가지려 했다. 그래서 나를 안내하는 고바야시 교수에게 북해도 시골의 여관 숙박을 주문했고 드디어 오늘 고바야시 교수와 함께 북해도 여행에 나섰다. 오후 4시 동경 하네다 공항을 떠난 비행기는 약 1시간 30분을 날아 북해도 도청 소재지 삿포로[札幌]에 닿으니 날이 어두워지는데 눈이 펑펑 쏟아진다. 북해도 여행을 다녀온 많은 분들이 북해도 관광은 겨울이 제일 좋다 한다. 눈이 많이 내리는 곳이라 설경(雪景)은 말할 것 없고 눈 축제가 열려 볼 것은 그만이라는 것이다.

삿포로 비행장에서 우리가 정해 놓은 일본식 여관(정확하게는 고바야시 교수가 인터넷을 통하여 예약한 곳)은 택시로 약 40분 걸리는 삿포로시 남구에 있는 산속 소금탕 온천(小金湯溫泉) 지역의 '황금탕(黃金湯) 온천여관'이었다. 그날 삿포로에는 눈이 얼마나 내리는지 마치 주먹만한 눈덩이가 택시 유리창을 두들겨 앞을 가리기가 힘들 정도다. 산과 들 그리고 집들도 눈에 덮여 하얗다. 눈 나라에 온 기분이다. 너무 많이 눈이 내리니 내일 아침 동경으로 돌아가는 길이 걱정이 된다. 우리를 태운 택시 운전사는 목적지까지 갈 수 없을는지도 모르겠다 하면서도 용케도 우리를 여관까지 데려다 주었다. 그는 우리의 내일 동경행을 걱정하여 주는 고마운 분이었다.

밤 8시에 찾아든 황금탕 온천여관은 퍽 오래된 여관이다. 현관에서 주인의 안내를 받아 방에 들어서니 넓은 방에 다다미가 깔려 있고 자그마한 오시이레도 있으나 방 어귀 마루에 전통 옷을 입고 앉아 손님을 맞이하는 여인이 없고 눈이 많이 오고 날씨가 찬 겨울이라 그런지 여관 복도는 물론 방안도 썰렁하고, 낡은 집인데다 손질도 별로 하지 않아 늘 머리에 그리던 그런 낭만적인 여관은 아니었다. 여관에 들어서는 순간부터 기분이 좀 상했으나 이곳을 마련하여 준 고바야시 교수의 애쓴 것을 생각하며 기색은 내지 않았다. 밥상도 따로 마련하여 가져오고 일본식 잠옷도 가지런히 놓였으나 단창인 유리창 밖은 눈으로 덮여 추운 날씨를 생각해 옷을 두껍게 입고 잤다. 가관인 것은 다음날 아침 여관을 나올 때의 일이다. 나는 외국여행을 많이는 안했지만 어딜 가도 미국 '달러'를 가지면 통하지 않은 곳이 없었다. 그래서 나는 '달러'는 갖고 갔지만 일본 돈은 없었다. 그리고 세계 어디든지 BC카드면 모든 것이 다 결제되었는데 그렇지 않은 곳이 있다. 동경으로 돌아가려고 아침을 먹고 여관비를 계산하러 갔던 고바야시 교수가 야단났다며 돌아와서는 이 여관에서는 카드로는 결제가 안 되고 일본 돈만 받는단다. 헌데 앞에서 말한 것과 같이 나도 일본 돈은 없고 그래서 둘이 주인을 찾아 '달러'로 환산, 계산하자 하였더니 그마저도 안된단다. 우리의 신분을 밝히고 아무리 이야기해도 소용이 없었다. 일본에서 '달러'는 별로 소용이 없는 돈이란 듯이 행동한다. 나의 지나친 생각이길 바라지만…. 그래서 별 수 없이 나를 인질(?)로 묶어 놓고 고바야시 교수가 택시를 불러 삿포로 시내로 가 현금인출기에서 카드로 일본 돈을 꺼내 갖고 와 여관비를 물고 풀려나는 해프닝이 있었다.

언제 다시 북해도에 갈 기회가 있으라마는 고대했던 일본 여관의 낭만을 가져보지 못했고 여관비 실랑이를 겪다보니 일본 여관에 대한 유감이 없지 않지만 언젠가는 일본 여관을 다시 찾아 아련한 그리움을 가져 보았으면 한다.

금강산 기행

돌이 만가지 재주를 부리고 물이 천가지 재롱을 피우며 나무 또한 특이하니 천하 명승이 여기 다 모였네 그리운 금강산!

금강산 찾아가자 일만이천봉, 볼수록 아름답고 신기하구나! 어느 노래 제목의 구절들이다.

옛날부터 가을 단풍은 금강산, 설악산, 내장산 등을 손꼽고 있다. 한반도가 생성된 이래 수만년의 풍상 속에서도 동해 바다의 서광을 받아가며 의연하고 꿋꿋이 서 있는 세상에서 하나밖에 없는 그 산이 바로 금강산이다.

이 멋있고 아름다운 그리고 세계인이 그렇게도 보고 싶어 하는 이 산을 보기 위해 나는 일행과 함께 지난 달, 그러니까 10월 16일 토요일 새벽 7시 15분에 서울 광화문 세종문화회관 옆 현대해상 빌딩 앞에서 대화관광 버스를 타고 2박 3일의 일정으로 금강산으로 향했다.

버스에는 우리 일행 외에 경향에서 모인 주로 중년 이상의 손님이 가득 찼었는데 오전 10시 30분경 첫 휴게소에 들르니 금강산 관광객을 태운 버스가 20여 대나 와 있다. 줄잡아 1천여 명이 금강산으로 가는 것이다. 버스기사는 11시가 안되었는데도 이곳을 떠나면 식사할 데가 없고 금강산에 들어가 저녁을 먹게 되니 이곳에서 이른 점심을 먹으란다. 산채비빔밥이나 장국밥으로 점심을 먹은 우리는 북상하기 시작하여 강원도의 홍천, 인제, 한계령을 지나 12시경에 동해안 바닷가 화진포 언덕 위에 있는 금강콘도에 닿았다. 이곳에서 북으로 들어가는데 필요한 사진이 붙은 명찰을 받고, 갖고 간 휴대전화를 맡기고 사진기 점검(렌즈 160mm 이상 카메라는 휴대 불가)을 받은 뒤 다시 북상하여 강원도 고성군 통일전망대 앞에 마련된 동해선 출입관리소에서 간단한 출국수속을 받고 현대가 마련한 버스로 갈아타고는 민통선을 지나 북측 고성의 장진항에 있는 북측 출입사무소를 통과하여 오후 2시 반경 금강산이 자리하는 온정리에 도착했다.

몇 년 전까지만 해도 먼발치의 북녘 땅이었지만 금강산에 닿으니 막상 두려움과 흥분감은 사라지고 우리나라 우리 땅인 양 발걸음이 가볍다.

1998년 11월에 시작된 금강산 관광은 순탄치 못한 때도 있었지만 작년 9월 들어 육로관광으로 발전하고, 이어 놓은 경원선(京元線)이 개통되면 철도관광이 이루어져 세계 각국의 관광객이 쇄도하는 진풍경이 전개돼 남북관계 개선에 큰 몫을 하게될 것이다.

우리 일행이 배정 받은 숙소는 온천빌리지. 많은 관광객이 모이니 대온천장 들판에 만든 간이 공동숙소다. 세면장과 화장실이 공동사용이다. 마치 1970년대 새마을운동이 한창일 때의 새마을 연수원과 같다고나 할까? 다닥다닥 붙은 집은 급조한 것이라 바닥은 뜨거운데 위풍이 심하여 감기 걸리기가 십상이다.

송명회(松明會)는 동문수학한 우리 일행 모임의 이름이다. 원산(元山)의 송도원과 명사십리의 이름을 따 지은 것이다. 모임의 멤버 중 이번에 금강산행을 탄 가족은 원산시민회장이며 중앙대학교 명예교수인 홍성윤 박사 내외, 원산 출신의 박석연 사장 내외와 원산시 박태극 명예시장, 그리고 송명회장인 나 여섯이다. 송명회는 격월로 모임을 가지면서 금강산 구경을 기다려 왔는데 이번에 그 실현을 보게 되었다. 나머지 의사인 이기홍 박사와 최봉훈 사장은 몸이 불편하여 합승하지 못했다. 아쉬운 감이 없지 않다. 원산은 우리 일행의 고향이다. 미항(美港) 중의 미항인 원산은 금강산에서 약 80km 거리에 있어서 우리는 고향 가까이 간 셈이다.

저녁엔 4시 30분부터 마치 우주선을 연상시키는 돔 모양의 금강산 문화회관에서 북측이 자랑하는 세계적인 예술단체인 평양 모란봉교예단의 공연이 있었다. 1999년부터 국제교예축전에서 입상한 작품인 눈꽃조형, 무용, 공중 2인 회전, 널뛰기, 장대재주, 손재주 등 여러 종목을 공연하였는데 인간의 육체를 이용해 표현할 수 있는 최고의 미적이고 역동적인 교예를 펼친다. 북측은 이것이 서커스가 아니고 종합예술이라 일컫는다. 관람료는 25달러, 특석은 30달러이다.

금강산문화회관은 남북의 행사 및 문화예술공연이 개최되는 곳으로 우리나라 연예인과 종교인들이 다녀간 바 있는 남북문화・사회교류의 장이기도 하다.

둘째날부터 관광이 시작된다. 금강산에 가면 제일 먼저 보게 되는 것이 '매바위봉'이다. 매바위봉엔 다음과 같은 설화가 있다. 예로부터 금강산은 여성의 기운이 넘치는 음기산(陰氣山)으로 알려져 있다. 하늘을 찌를 듯한 비로봉 꼭대기에서 뿜어져 나오는 강한 음기로 금강산 인근 마을의 백성들은 예부터 온화하고 섬세한 성격의 소유자들이 많아 남다른 예술적인 인재(人材)가 많이 배출되었고 한편으로는 남자가 귀하여 산모(産母)가 아들을 낳으면 큰 경사로 여겨 성대한 잔치를 벌였다고 한다. 그러던 어느 해, 나라에 큰 난리가 일어나 많은 남자들이 전쟁터로 나가 전사하여 금강산 인근 마을 여자들은 대(代)를 이을 수 없는 시름에 빠지게 되었다. 이를 가엾게 여기신 금강산 신령님께서 비로봉 꼭대기에 남근석(男根石)을 하사하시어, 이를 보고 정성을 올리는 이들에게 건강한 아들을 점지하여 주셨다고 한다. 이러한 남근석의 영험함이 입소문을 타고 전국에 퍼져 남근바위를 탐하는 자들이 생겨나자 신령님은 구룡연(九龍淵) 두꺼비와 해금강 거북 그리고 만물상 여우를 불러 남근석 주위를 지키게 했다 한다. 그러던 어느 날 왜나라 장수 한 명이 대(代)를 잇지 못하여 걱정하던 차에, 금강산 남근석의 영험함을 듣고 바다를 건너 달려와 이를 지키던 두꺼비, 여우, 거북을 꾀어 비로봉 꼭대기의 남근석을 훔쳐내었다. 산신령을 배신한 세 마리의 금수(禽獸)와 장수는 그 길로 내달려 매바위봉에 이르게 되었고 바로 이때 금강산 산신령이 이를 알고 이들의 머리 위에 구름을 타고 나타나 신령(神靈)의 신성(神性)에 도전한 금수와 왜 장수에게 저주를 내리어 이들 모두는 돌이 되고 말았다. 아직까지도 이들은 머리를 하늘로 향하여 신령의 저주에 용서를 구하고 있으며, 이들이 떨어뜨린 남근석은 지금도 금강산 매바위봉 위에 남아서 후세의 절박한 사정을 빌러 찾아 온 이들에게 뜻밖의 행운을 가져

다주고 있다고 한다.

실제로 금강산 관광이 시작된 이후 온천장 입구에서 남근석을 보고 강한 양기(陽氣)를 얻어 간 관광객들이 뜻밖의 득남(得男)으로 기뻐한 사실이 여러 차례 후담으로 이어지고 있다니 신기하기도 하다.

오늘은 오전에 금강산에서 제일 높다는 비로봉 아래에 있는 구룡연 코스로의 등산이다. 북측 음식점인 목란관에서 시작되는 구룡연 코스는 절경으로 널리 알려진 구룡폭포와 구룡연, 상팔담, 비봉폭포를 비롯하여 연주담, 옥류담 등 유명한 폭포와 연못들이 집중되어 있는 곳으로서 계곡의 아름다움이 뛰어난 곳이다. 계곡이 많은 만큼 아름다운 다리도 많으며 두 개의 구룡다리는 흔들림이 심하긴 해도 재미를 더하여 주고 다리 위에서 내려다 보이는 계곡과 담소들의 풍경이 옥구슬을 모아 놓은 듯 맑고 청량하다. 길이는 약 4.3km, 소요시간은 왕복 약 3시간인 이 코스의 명소 몇 개를 소개하자.

삼록수(蔘鹿水) 약수터 : 약수터 위에 노루소와 산삼밭이 있어 약수터로 산삼과 녹용 섞인 물이 흘러내린다고 삼록수라 한다. 오르면서 한 잔 마시면 10년이 젊어지고 내려오면서 또 한 잔 마시면 다시 10년이 더 젊어진다는 말이 전해진다.

금강문(金剛門) : 금강산의 5대 돌문 중 하나다. 자연적으로 만들어진 문으로서 문을 통과하면 옥류동과 구룡연으로 가는 길이 나온다. 돌문 어귀에 북측 안내원들이 좌판을 벌려 놓고 갖가지 기념품과 간식거리를 판다.

옥류담(玉流潭)과 옥류폭포 : 수정(水晶)을 녹인 물처럼 맑고 푸른 담소의 옥류담은 그 색이 천상의 것이 아닌 듯하고 마치 구슬을 위에서 쏟아 붓는 듯 흘러내리는 폭포는 절로 감탄을 자아내게 한다. 옥류담의 물은 햇빛을 받으면 그 영롱함이 에메랄드빛을 띠는 백두산 천지의 물과 같다.

구룡폭포(九龍瀑布) : 조선의 3대 폭포인 구룡폭포는 150m의 깎아지른 절벽에서 흘러내리는 동방에서 손꼽히는 아름다운 폭포다. 폭포가 떨어지는 아래 있는 못은 옛날 금강산을 지키는 아홉 마리의 용이 살았다는 전설이 전해지는 구룡연이며 물 길이는 약 13m다.

상팔담(上八潭) : 구룡폭포 위 담소 8개가 이어져 있어 상팔담이라 부르는데 위에서 보면 마치 크고 작은 그릇에 물을 담아 놓은 것 같아 보인다. 상팔담을 보기 위해서는 철사다리를 타고 구룡대라 하는 전망대까지 올라가야 한다.

금강산은 최고봉인 비로봉(해발 1,638m)을 비롯한 수많은 봉우리들과 기묘한 바위로 이루어진 산이다. 그 절경의 아름다움 때문에 예부터 많은 이들이 입에 담고 가슴에 새기던 산 중의 산이라 말할 수 있다.

크고 작은 봉우리들을 합치면 그 수를 셀 수가 없어 '일만 이천봉'이라 부르고 있는데 봉우리뿐 아니라 바위들도 하나같이 그 모양을 달리해 하늘 아래 모든 모양새를 담고 있다해도 과언이 아니다.

금강산은 크게 산세가 험하고 웅장하며 폭포가 발달한 외금강과 산세가 온유하고 유수하며 담(潭)과 소(沼)가 많은 내금강, 바다와 인접해 기암절벽을 가진 해금강의 세 개 구역으로 나누어진다. 또한 철마다 그 색을 달리하는 금강산은 새싹이 돋아나고 만물이 소생하는 봄에는 마치 금강석과 같다고 하여 금강산이라고 하며, 녹음이 우거지고 흰 구름과 안개가 감도는 여름철은 신선·선녀가 사는 것 같다하여 봉래산(蓬萊山) 그리고 지금과 같이 단풍이 붉은 가을철은 풍악산(楓嶽山), 수많은 바위 위에 흰 눈이 덮인 겨울철은 설봉(雪峰) 또는 개골산(皆骨山)이라고 하는 네 개의 이름을 가질 정도로 계절 따라 각각의 모습이 특색 있고 아름답다.

사계절 울창하고 푸르른 소나무와 티 하나 없이 깨끗하고 맑은 호수와 폭포들, 깎아지른 절벽에 수많은 이야기를 담고 있는 바위들이 있는 금강산!

오후엔 삼일포와 해금강의 관광이다. 삼일포는 예부터 관동팔경(關東八景)의 하나인 이름난 호수로 그 풍경이 으뜸인 곳이다. 옛날에 어떤 왕(王)이 하루만 머물다 갈 것을 삼일을 묶게 되어 삼일포라 했을 만큼 물이 맑아 선인들은 마치 선녀가 떨어뜨린 거울과 같다고 했을 정도다.

해금강(海金剛)은 동해안에 펼쳐진 금강산으로 해안가의 기묘한 절벽들과 소나무가 우거진 많은 바위섬 등은 하늘이 만들어낸 최고의 작품이다.

우리측 강원도 고성군에 자리한 통일전망대에서 북쪽을 쳐다보면 해금강이 보이는데 푸른 솔밭과 투명한 모래밭을 지나면 푸르디 푸른 동해바다가 대자연의 웅지(雄志)를 노래하고 뒷편에 마치 병풍처럼 둘러쳐져 있는 준령들의 모습은 사뭇 신비롭기만 하다. 산과 바다가 절묘한 자연의 조화를 연출하는 곳, 이곳이 해금강이다.

하루의 피로를 푸는 곳은 뭐니 뭐니 해도 먹을거리와 목욕이다. 한 번에 몇 백 명이 들어갈 수 있는 온정리(溫井里)에 자리한 금강산 대온천은 100% 천연온천수에 라돈 성분이 들어 있어 류머티즘에 효과가 좋다. 노천탕에 몸을 담그고 있으면 최고봉인 비로봉을 비롯한 여러 봉우리들을 한눈에 감상할 수 있다.

식사는 온정각 식당에서 먹는다. 500여 명을 수용할 수 있는 식당에서 제공하는 모든 야채는 금강산 현대농장에서 직접 재배한 것으로 매우 신선하다. 음식의 종류도 뷔페를 비롯하여 다양하며 한 끼 10달러다. 이곳에선 달러가 아니면 통용이 안 된다.

셋째날은 금강산에서의 마지막 날이다. 아침 8시에 온정리 광장을 출발한 버스는 만물상(萬物相) 코스를 향해 굽이굽이 달린다. 금강산의 웅장하고 기묘한 산악미를 대표하는 관광코스로서 초입까지는 아스팔트가 깔려 있고 주변엔 키가 20~30m는 됨직한 아름드리 소나무가 빽빽이 솟아 하늘을 찌를 듯 하다. 소나무 군락지다. 차에 탄 관광객은 탄성과 환성을 지른다. 나는 지금까지 이렇게 키가 크고 꼿꼿하게 자란 소나무 무리를 본 적이 없다. '금강산 소나무'라 불리우는 이 멋진 나무의 학명(學名)은 춘양목(春陽木), 허나 목상(木商)들은 춘향목(春香木)이라 부른단다. 옛 춘향의 절개와 같이 곱고 곧게 똑바로 자란다하여 붙여진 이름이다. 따라서 옛 궁궐이나 큰 절을 짓는 데는 재질이 단단한 춘양목을 썼다한다. 기암괴석과 울창한 숲이 어우러진 절경(絶景)은 위로 오를수록 나무보다는 뾰족한 바위들이 많아 비나 눈이 온 후에는 일시적으로 생기는 계절폭포를 여러 곳에서 볼 수가 있다. 만물상 코스의 묘미는 그 이름처럼 만물의 모습을 닮은 바위와 봉우리를 보는 데 있다. 봉우리 구경을 하면서 코스의 끝인 망양대에 서면 깎아지른 듯한 산봉우리들이 발 밑에 있어 온 천하를 얻은 듯하다.

길이 약 3km, 왕복 3시간 정도가 걸리는 이 코스에는 만상정, 삼선암, 칠층암, 절부암, 안심대, 하늘문, 천선대를 거쳐 망양대에 닿는 데 약 30m 높이의 봉우리 세 개로 이루어진 삼선암(三仙巖)은 신선 세 명이 돌로 굳어졌다 하여 이름 붙여진 바위로 상선·중선·하선 중 저만치 떨어져 있는 하선의 모습이 귀엽다.

가로로 쪼개진 일곱장의 바위가 겹쳐진 칠층암(七層巖)은 그 칸이 일곱 개다. 칠층암을 잘 보면 뽀뽀하는 원앙새, 등을 돌리고 있는 물개와 오리를 발견할 수 있다.

금강문과 함께 금강산 5대 돌문 중 하나인 하늘문을 통과하면 전혀 다른 세계가 펼쳐질 것만 같은 신비로움이 앞선다. 자연적으로 만들어진 문이어서 문을 지날 때 신기하게 느껴진다.

천선대(天仙臺)는 경치가 너무나 좋아 선녀들이 내려와 놀다 갔다하여 이름 붙여진 곳이다. 이곳에서는 만물상 코스는 물론 외금강(外金剛) 일대의 모습도 한눈에 볼 수 있다.

세 지붕 끝에 위치한 망양대에서는 세 지붕 줄기에 있는 온갖 형태의 기암괴석과 서쪽 오봉산을 다른 각도에서 바라보기 좋은 곳이다. 동해의 해금강 일대의 섬들은 물론 남측의 산들도 조망할 수 있는 망양대 정상까지 올라가는 데는 이리 오르고 저리 오르는 가파른 철사다리를 딛고 올라야 하는 힘들고 어려움이 있었으나 한 곳이라도 놓칠세라 온 힘을 쏟는 관광객들은 줄지어 노인들까지도 질서 있게 등

정한다. 아래에서부터 물들기 시작한 단풍은 높이 오를수록 만산홍엽을 이룬다. 가을 금강산은 부끄럼 많은 처녀처럼 홍조를 잔뜩 띠고 자꾸만 날 보라 지저귀는 것 같다.

"끼얹히는 것은 냄새, 만져지는 것은 운김, 귀에는 소리 아닌 선율, 혀에는 씹히는 것 없는 일종의 미각, 원체 좋은 경치는 눈으로 보기만 하는 것, 마음으로 맛보기만 하는 것이 아닙니다. 동그란 미(美), 함박송이 의미는 실로 오관과 백규(白竅)로 골고루 침투하여 들어오는 것임을 여기서 알겠습니다. 하나를 빼어도 구석이 비고, 하나를 보태어도 군더더기가 될 듯한 똑 알맞고 꼭 좋은 그 무엇이 옥류동(玉流洞)입니다."

골은 깊어지는데 속은 도리어 시원하여 영수(靈邃)한 기운이 얼굴에 쭉쭉 끼얹힙니다.

<…중략…>

실 같은 길 하나라도 내어주기 아까워하는 밀림과 번엽(繁葉)은 봄에는 꽃의 무더기 될 것, 가을에는 단풍 바다가 될 것, 눈록번음(嫩綠繁陰)에는 그대로 기꺼움의 시위가 되어 푸른 물결을 출렁거리는 것, 그 위에는 이름 모를 고운 새와 그 아래에는 숨어 흐르는 자지러진 시내가 다투어 환희와 심곡(心曲)을 아룁니다. 소리로 빛으로 기꺼움의 한 세계를 배포하여 가진 '영원동'은 금강산에서도 특별한 정취를 길러낼 곳입니다.

이것은 선각자 최남선(崔南善) 선생의 금강예찬(金剛禮讚)의 글귀이다.

한편 불멸의 소설가 이광수(李光洙) 선생은 금강산 유기(遊記)에서 다음과 같이 읊었다.

비로봉(毘盧峰) 꼭대기에서 사면을 돌아보면 대자연의 웅대, 숭엄한 모양에 탄복하지 아니할 수 없다. 높이는 겨우 6천여 척에 불과하나 이 봉우리가 금강산 만이천봉 중에 최고봉이다. 동해가에 우뚝 서 있어 내금강의 모든 봉우리가 저 아래 마치 모형지도 모양으로 보이고 동으로는 창해(滄海)가 바로 발아래 들어와 보이는 것만 해도 그 광경의 웅장함을 볼 수 있거든 하물며 사방에 이 높이만한 것이 없어 안계(眼界)가 무한히 넓어 직경 수백 리의 일원을 한눈에 부감하니 그 웅대하고 장쾌하고 숭엄한 맛은 실로 비길데가 없다.

'비로봉 올라서서/세상만사 우스워라/산해만리를/일모(一眸)에 넣었으니/그따위 만국도성(萬國都城)이/의질(蟻垤)에나 비하리오//금강산 만이천봉/발아래로 굽어보고/창해의 푸른 물에/하늘 닿은 곳 찾노라니/청풍이 백운을 몰아/귓가으로 지나더라' 아무리 하여도 비로봉의 절경을 글로 그릴 수는 없으며, 그림으로 그리기도 불가능하다. 몽상(夢想) 밖의 광경은 다만 경이와 탄미의 소리가 나올 뿐이다. '비로봉 대자연을/사람아 묻지 마소/눈도 미처 못 보거니/입이 능히 말할손가/비로봉 알려 하옵거든/가보소서 하노라'

이로써 어찌 금강산을 더 이상 예찬할 수 있으랴. 심금을 울리는 글귀들이다. 마음과 마음을 이어주는 힘 있는 글이다.

근세 이후 금강산은 더 널리 세상에 알려져 아시아는 물론 멀리 유럽의 여행가, 탐험가, 학자들도 금강산을 찾았다. 그 가운데는 세계적인 여행가로 이름 난 영국의 이사벨라 비숍 여사도 있었다. 그녀는 금강산을 돌아본 것은 자기 일생에서 가장 큰 행운이었다고 하면서 이런 말을 남겼다. "금강산의 아름다움은 세계의 어느 명산의 아름다움도 초월하고 있다. 미(美)의 모든 요소들로 가득 찬 이 대규모의 협곡은 너무나도 황홀하여 사람들을 마비시킬 정도다."

오전 산행을 마친 관광객은 온정각 식당에서 마지막 점심을 먹고 대형 매점과 면세점에서 갖가지 북측의 기념품이나 먹거리를 산 다음 이름도 많고 사연도 많은 천하의 명산 금강산을 뒤로하고 우리 일행을 실은 버스가 갈 때와는 반대 방향으로 북측 출입관리소를 통과해 여러 가지 상념을 지으면서 남쪽으로 향했다.

내가 금강산에서 느낀 것은 이름 그대로의 금강산이었지만 운영 주체인 '현대아산'의 광대한 사업규모와 엄청난 투자에 놀랐고 북측은 금강산을 잘 보전하기 위해 환경보호에 꽤나 정성을 쏟고 있었다. 산에서 기초질서 즉 담배꽁초를 버리거나 침을 뱉어서는 아니되며 소변도 함부로 눌 수 없고 오직 간이 화장실에서 여자는 4달러, 남자는 1달러를 내고야 들어가는 유료화장실을 사용해야만 한다. 요소에 서 있는 북측 안내원은 남녀가 한 조를 이루어 이런 것들도 감시한다. 그러면서 말이 통하다 보면 한민족이 힘을 합해 하루속히 통일을 이루

자고 한다.

차창 너머로 보이는 산과 들, 출렁거리는 바다와 올망졸망 앉혀 있는 집들은 평화롭기만 하다. 북측의 도로공사나 금강산 청년역에서 철도 레일공사를 하는 청년돌격대들의 얼굴에도 우리와 한민족이어서 그런지 힘 있고 믿음직스러워 보였다.

2박 3일의 짧은 일정이었지만 잠깐이면 다녀올 수 있는 곳을 왜 이리 어렵스레 가야만 하는가. 우리 민족이면 누구나 바라는 통일이 민주적이고 평화 속에 이루어져 만인이 사랑하는 천하절경 금강산을 자유롭게 관광할 수 있는 그날이 어서 오기를 기원해 본다. 그러면서 지금까지는 내금강만 관광할 수 있었으나 외금강도 개방되어 더 좋은 경치를 볼 수 있는 기회를 기다린다. 그때 다시 금강산행을 꿈꾼다.

한 보(步)를 떼기 위해 천번 만번을 떼보는 심정으로.

거제도 견문기

거제(巨濟)의 지명은 757년 신라 35대 경덕왕 16년에 지방제도를 개편하면서 거제군으로 고쳐 부름으로부터이다. 그 이전에는 소가야국의 일부였던 독로국(瀆盧國)에 속하였다가 677년 신라 문무왕 17년에 상군(裳郡)이라 하였다.

총면적 395.81㎢인 거제도는 제주도에 이어 우리나라에서 두 번째 가는 큰 섬이다. 1995년 1월 도농통합 형태의 시 설치로 장승포시와 거제군이 통합하여 이루어진 거제시는 본도와 주위 62개의 도서로 구성되어 있다. 섬은 유인도가 9개이고 무인도가 53개이며 동쪽은 대한해협으로 맑은 날 옥여봉 봉수대와 같은 남부지역에서는 대마도가 한눈에 들어오며, 서쪽은 통영과 해협을 사이에 두고 있었으나 1971년 4월 견내량(見乃梁) 해협에 연도교(連島橋)인 길이 740m의 거제대교가 가설되어 통영시와 연결되었다. 그러다 다시 1999년 4월 제2의 거제대교인 940m의 왕복 4차선 신거제대교가 개통되어 육지와 통행이 원활해 자동차를 타고 가노라면 거제도가 섬이라는 느낌을 못 가질 정도다.

그동안 온 국민의 관심 속에 매주 토·일요일 밤 9시 30분부터 방영됐던 KBS1의 대하드라마 「불멸의 이순신」을 보면 조선조 선조 25년(1592)에 시작된 7년의 임진왜란으로 전국토가 거의 초토화되어 갈 때 이순신 장군의 탁월한 전술 전력과 지략으로 옥포해전의 승리를 가져왔고 이를 필두로 승세의 전기를 잡아가자 해방의 통수부로서 삼도통제사(三道統制使)인 통제영(統制營)을 설치하고 삼도수군(三道水軍)을 통제한 근거지를 마련하는 기초로 삼아 국방 중건의 중임을 거제가 맡게 되었다.

바다 인근에는 거제 해금강을 비롯하여 한려해상국립공원(속칭 한려수도)의 아름다운 경관이 펼쳐져 있다. 해안은 크고 작은 곶(바다로 뾰족하게 내민 땅)과 섬 그리고 바닷물이 침입하여 생긴 골짜기인 익곡(溺谷)으로 구성되어 리아스식 해안의 특색을 나타내며 높은 산지가 발달하여 쌀·보리의 생산은 미약하나 난대성 과수인 파인애플, 참다래, 알로에 등의 재배가 활발하고 열대식물인 풍란, 팔손이, 동백나무 등이 자란다. 지역 특산물은 맹종죽순, 멸치, 유자, 표고 등이 유명한 통영과 더불어 아주 좋은 건강지(健康地)이다.

경상남도 남해안에 위치하는 거제도는 서울에서 경부고속도로를 타고 달리다가 대전에서 대전·통영간 고속국도로 들어서서 진주·사천·통영을 거치면 닿는데 서울에서 거제도까지는 약 400km의 천리길이다.

거제도 하면 우리들 머리에 먼저 떠오르는 것은 역사상 유명한 이충무공의 옥포대첩이요, 그 다음은 1950년 한국전쟁 때 1·4 후퇴로 밀려든 피난민의 집단후송 수용구호와 UN군이 설치한 포로수용소였다. 그런데 여기에 하나 더할 것이 있으니 바로 대우조선해양주식회사의 옥포조선소다.

필자는 지난 5월 27일 거제도 포로수용소 유적공원 내에 세워지는 홍남철수작전 기념조형물 준공식에 참석하기 위해 함경남도 원산시민회 임원들과 함께 전세 관광버스를 타고 준공식 하루 전날인 5월 26일 거제로 향했다. 고도(古道) 진주에 들러 점심을 먹고 남강(南江)변 절벽 위에 솟아있는 천혜의 요새로 임진왜란 3대 대첩지 중의 하나인 민족의 성지 진주성과 촉성루를 보고는 통영을 거쳐 연육교를 넘으니 거제도는 5월 말 신록이 한창 우거질 때라 그런지 하늘은 맑고 온 천지가 너무나 푸르고 반짝반짝 빛난다.

오후 3시 30분부터 우리 일행 35여 명은 옥포조선소를 산업시찰하기로 돼있었다. 버스가 정문에 들어서니 안내 도우미가 우리를 맞는다. 이 도우미들은 이 조선소 간부 직원 부인들이라 하는데 우선 놀랐다. 용모는 물론 상냥하고 친절히 맞는다. 먼저 홍보관에 들어서 영상매체를 통한 조선소의 내부와 계약·설계·제작·진수과정 등 공정(工程)과 끊임없는 연구 개발에 전력하는 모습을 소상히 보여주는데 그 영상물의 약동성과 스펙터클에 압도된다. 나는 대학에 관계하고 있지만 이렇게 사람을 압도하는 영상물은 처음이다.

1978년 설립된 대우조선해양주식회사(DSME : DAEWOO SHIPBUILDING & MARINE ENGINEERING CO., LTD)는 국내 조선업계 이익률 1위를 지키고 있는 세계 최고급 조선해양 전문기업이라 한다.

130만 평의 부지 위에 협력업체를 포함, 2만여 명의 직원들이 근무하는 이곳 옥포조선소에서는 연간 40여 척의 대형 상선과 초대형 육·해상 플랜트, 전투잠수함, 구축함 등을 생산해 연간 4조 7천여억 원의 매출을 올리고 있다. 특히 고부가가치선인 LNG선을 세계에서 가장 많이 그리고 잘 짓는 조선소로 세계 시장의 35%를 점유하고 있으며 30만 톤급 초대형 유조선(油槽船)도 세계 시장의 15%를 점유하고 있다니 놀랍기만 하다.

전쟁의 이기인 철갑선도 그 옛날 한국에서 처음 제작되어 오늘날 모든 대형 선박 제조의 앞길을 터주었으니 옥포조선소의 이 거대한 플랜트는 우리 민족의 우수성인 창의성에서 비롯되었을 것이다.

이곳에서 건조되는 제품 대부분은 해외로 수출되며 제품의 90% 이상을 국산화하여 전국 1천여 개 중소기업에서 공급 받음으로써 한국신용평가 기관이 매긴 한국 100대 기업종합평가 19위로 국가 경제발전에 큰 도움을 주고 있다. 이밖에 국제품질경영시스템 ISO 9001과 국제환경경영시스템 ISO 14001, 안전보건경영시스템 OHSAS 18001을 취득, 품질과 환경보호, 안전보건 분야에서도 세계 최상급 시설과 시스템을 갖추고 있었다.

모든 일엔 굴곡이 있는 법, 이곳도 한때 그룹의 해체로 1999년 시작한 워크아웃을 전 직원이 힘을 모아 불과 2년 만에 졸업한 대우조선해양은 2001년 8월 독립된 조선해양 전문기업으로 다시 태어났다. 신뢰와 열정을 기업문화 핵심가치로 설정하고 끊임없는 변화와 혁신을 추구함으로써 작년 즉 2004년 8월에는 조선업계에서는 처음으로 모든 생산과정을 전산 시스템을 관리하는 프로세스 이노베이션

(Process Innovation)을 도입했으며, 올 들어서는 글로벌 네트워크를 통해 앞으로 10년 후인 2015년에는 매출 20조원, 순이익 4조원을 올린다는 야심찬 기업비전을 발표, 모두에게 존경받는 세계 초일류 기업으로의 성장을 계속하고 있다.

조선소 부지 내는 커다란 공원이라는 느낌이 든다. 흔히 조선소라 하면 이리저리 널려 있는 쇠붙이와 망치 그리고 용접소리 등으로 시끄럽고 지저분할 것으로 여기나 옥포조선소는 임해단지이기도 하지만 질서 있는 건물의 배치와 청결의 유지 그리고 정문으로부터 도로를 따라 주변 곳곳에 나무를 심어 '푸른 조선소'를 형성하고 있어 이곳이 배를 만드는 곳인가 의심할 정도다.

세계 제2의 엘리베이터 골리앗크레인(높이 35m, 무게 900톤), 중대평 플로팅 도크 3기, 직원들의 건강관리를 위한 병원, 구내식당 20개소에서 한 끼에 쌀 80kg 40가마, 삼계탕 닭 5천 마리가 소모된다니 과히 메가톤급이다.

헌데 놀라운 것은 국내 제1의 조선소는 이곳 옥포조선소가 아닌 울산의 현대조선소이고 옥포조선소는 두 번째이며 세 번째는 역시 거제도에 있는 삼성조선소라는 것이다. 그렇다면 과연 현대조선소는 얼마나 클까?

조선업은 과거에는 노르웨이, 덴마크, 영국, 포르투갈 등 유럽 국가들의 차지였으나 지금은 우리나라가 세계 1위이고 일본이 2위, 중국이 3위로 동양 3국이 월계관을 갖고 있으며 옥포조선소는 앞으로 4년간 건조할 수 있는 양을 이미 주문 확보하고 있다 하니 좋은 기업을 넘어 존경받는 기업으로 우리나라의 미래를 엮는다 하겠으며 거제도의 사회·경제적 발전에도 큰 기여를 하는 기업이라 하겠다. 경탄(敬歎)해 마지 않는다.

이제는 거제도로 가게 된 사연으로 이어진다. 거제도는 나에게는 초행길이다. 앞에서도 말했지만 6·25 전쟁으로 유명(?)해진데다 전후 훌륭한 독지가들이 설립한 알차고 규모 있는 사회복지시설이 여럿 있다 하여 꼭 한 번 가보고 싶은 곳이었다. 통영은 여러 번 가 보았으면서도 거제도엔 갈 기회가 없었다.

세계 전쟁 역사상 가장 기적적인 철수작전으로 평가받는 흥남철수작전의 인도주의적 정신과 동포애 등 고귀한 정신을 계승·발전시키기 위해 건립된 '흥남철수작전 기념조형물 준공식'이 지난 5월 27일 오후 2시 거제시 신현읍 오현리 포로수용소 유적공원 내에서 거행되었다.

흥남철수작전은 6·25 전쟁 당시인 1950년 11월 말 유엔군이 북쪽의 함경남도 흥남항을 통해 10만 5천 명의 군인과 9만 8천여 명의 피난민, 차량 17,000여 대, 화물 35만 톤을 197척의 배에 싣고 거제도 장승포항으로 철수한 작전이다.

이 작전에 참여한 미국의 메리디스 빅토리호는 1만 4천여 명의 피난민을 안전하게 거제도로 철수시켜 세계 전사에서 단일 선박으로 최대 인원을 철수시킨 가장 인도주의적 피난민 철수로 평가되고 있으며 이 공적으로 선장이던 레너드 라루 씨를 비롯한 선원 47명 전원은 1955년 우리 정부로부터 을지무공훈장을 수여받았다.

행사는 남녀 아나운서의 내레이션과 흥남철수작전의 영상물이 대형 화면을 통해 비춰지면서 태극기와 UN기 등 6·25 전쟁 참전국들의 국기가 육군의장대에 들려 입장하고 당시 작전을 지휘한 고 알몬드 장군의 사진과 철모, 군복 등이 엄숙히 행사장에 놓여진 뒤 군악대 연주, 의장대 공연의 식전행사에 이어 귀빈들의 입장과 국기에 대한 경례, 조총 및 진혼을 통해 흥남철수작전에 공헌한 국군과 UN군의 희생에 조의를 표하기도 했다.

함경남도 중앙도민회장인 유재만 동 기념사업회 회장은 대회사를 겸한 환영 인사를 통해 "서로 알지도 못하고 생긴 모습이나 피부색깔도 다른 극동아시아에 있는 한국민들을 위해 6·25 전쟁 참전국 젊은 이들이 하나밖에 없는 생명을 기꺼이 희생하였던 일을 우리는 생명의 은인으로 기억하고 역사 속에 영원히 기릴 것"을 다짐하고 "수많은 병력과 장비를 해상으로 철수시킬 수밖에 없었던 그 긴박한 상황에서 피난민 10만여 명의 생명을 중시하고 인도주의적 정신으로 군함에 피난민을 함께 승선시켜 안전하게 피난시킨 이 흥남철수작전은 인류전쟁사에 길이 기억되어야 할 참으로 거룩한 작전이었다"면서 유엔군들의 값진 노고에 경의를 표하는 동시에 기념사업회가 조직되어 흥남철수작전 기념조형물이 만들어지기까지 흔쾌히 동참하여 주신 행정자치부, 국가보훈처, 거제시, 함경남도 도민들과 이 일을 발의한 (주)영안모자 백성한 회장에게 특히 감사했다.

이어 거제시장의 환영사와 참전용사 대표인 스테판 옴스테드 퇴역 해군중장과 백선엽 장군의 기념사, 박유철 국가보훈처장의 치사에 이어 기념조형물 건립 취지문 낭독이 있은 후 귀빈들이 도열하여 흰 포(佈)에 쌓인 조형물을 제막하자 폭죽과 함께 함남민들의 사은의 정성이 모아 이루어진 높이 15m의 우람찬 주탑이 뽀얀 역막속에서 영롱한 모습을 드러냈고 동시에 거제시 여성합창단의 '우리의 소원은 통일'이 합창됐다.

이날의 준공식은 국가보훈처와 거제시가 주관하고 행정자치부가 후원하였으며 한국전쟁 외국 참전용사, 참전국 주한대사관, 연합사령부 및 미8군, 유공자 및 가족, 내・외빈과 함경남도 도민 그리고 거제지역 기관단체장 및 주민 등 3,000여 명이 참석한 가운데 민・관・군이 합친 국제적 규모의 격조 높은 행사로 진행되어 생명의 은인들을 우리는 결코 잊을 수가 없으며, 피난민을 위해 방어 작전을 펴다 희생된 UN군들의 고귀한 정신에 감사하는 것은, 세계 각국에서 기꺼이 달려온 참전국 전우들에게 한국인은 은혜를 잊지 않는 민족이라는 것을 알게 해줌으로써 국가적 신의를 제고해 주는 데도 기여하고, 인간 생명을 존중하고 사랑하는 그 정신을 우리 후손들에게 널리 알려 더 이상 전쟁의 고통과 상처가 없는 한반도 평화의 중요성을 깊이 인식시키는 데도 있었다.

사람이 무엇인가 하려고 하는 것은 그곳에 희망에 대한 아주 작은 불빛이 있어서가 아닐까? 새는 알을 깨고 나온다. 알은 새의 세계다. 태어나려는 자는 한 세계를 뚫지 않으면 안 될 것이다.

거제도는 맑고 고운 청정해역을 끼고 있기도 하지만 옥포조선소가 새가 알을 깨고 나오듯이 한국의 미래에 희망을 주는 불빛이기도 하다. 사업을 잘한다는 것은 가장 환상적인 예술이다. 가게를 잘 지키려면 가게가 당신을 지킨다. 이것은 영국의 속담이다.

6・25 전쟁의 참상을 알리는 거제포로수용소는 민족역사 교육장소

이다. 동족상잔의 참상이 더 이상 있어서는 안 된다는 교훈을 안겨준다.

거제라는 이름은 클 거(巨)와 건널제로 큰 섬이라는 뜻이고, 종래의 한산섬 등 100개 넘는 섬이니 만을 거(鉅)와 계룡산하 구백만이라는 구전에 따른 구제할 제(濟)의 뜻으로 거제(巨濟)라 하였다 한다. 이는 임진왜란 때 나라를 구한 옥포대첩을 이루었고 6·25 전쟁 때에는 피난민의 구호와 포로수용소로 100만 명을 구제함으로써 입증되었으니 거제는 이름 그대로 거제와 은혜의 고장이다. 일컬어 환상의 섬이다.

원산함(元山艦)을 찾아서

경상남도 진해는 북쪽의 원산항과 더불어 겨울에도 얼지 않는 부동항(不凍港)이며 시 중심지 중원로터리를 기점으로 뻗은 방사형으로 꾸며진 매우 아름다운 도시다. 진해하면 먼저 떠오르는 것이 벚꽃이고 군항(軍港)이다.

1904년에서 1905년 한반도와 만주에 대한 지배권을 둘러싸고 러시아와 일본 사이에 있었던 러일전쟁에서 일본이 승리를 거두자 1910년 국권 피탈 이후 일본은 대륙 침략의 교두보로서 중요시되는 군항시설을 설치하면서 진해는 군사기지로 발전하여 왔다. 당시 러시아는 이 부동항을 갖고자 전쟁에 달려 들었다는 일화도 있다.

1910년 마산부제(馬山府制) 실시에 따라 마산부 진해면이 되었고 1931년에는 진해면이 읍으로 그리고 광복 이후 1955년에는 진해읍이 시로 승격하여 오늘에 이르고 있다.

진해시의 면적은 111.65㎢로 인구는 2005년 현재 15만 2천여 명이다. 동쪽은 부산광역시, 북쪽은 경상남도 김해시와 창원시에 접하고 서쪽은 마산만을 사이에 두고 마산시와 마주하며 남쪽은 진해만을 사이에 두고 거제시와 마주한다.

한국 해군의 근거지인 군항도시일 뿐만 아니라 관광, 휴양도시로도 알려져 있으며 시를 상징하는 꽃은 말할 것도 없이 벚꽃, 나무는 편백, 새는 백구(흰갈매기)다.

천자봉(天子峰, 520m)과 장복산(長福山, 582m)을 주봉으로 하는 화강암류로 구성된 급한 산지(山地)가 상현상으로 진해만을 병풍처럼 에워싸고 이 산지에서 뻗은 산각(山脚)이 진해만으로 뻗어내려 만내에는 구릉성의 크고 작은 반도와 곶(바다로 뾰족하게 내민 땅), 섬들이 산재하는 배산임해(背山臨海)의 지형을 이루며 만내는 넓고 깊어 천연의 양항(良港)을 이룬다. 해안선의 길이가 107km에 이르는 리아스식 해안으로 진해만으로는 유인도 4개 섬, 무인도 22개 섬이 있다.

쓰시마 해류의 영향으로 습윤하고 온화한 난대성의 특색을 나타내며 연평균 기온은 13℃, 1월 평균기온이 1.4℃이니 러시아가 눈독 들일만하다. 연강수량은 1,255㎜, 식생은 온대낙엽 및 상록활엽수의 혼합림으로 특히 관광 목적으로 심은 벚나무가 시가지를 아름답게 장식하고 있다. 매년 4월 초순에 10일간 열리는 진해 군항제는 올해로 서른세 번째를 맞는데 시가지가 벚나무 가로수로 조경되어 있어 벚꽃의 개화기인 4월이 되면 시 전체가 하나의 벚꽃공원 같은 풍치를 자아낸다. 벚꽃 잔치인 군항제 기간에는 해군 군악대의 연주와 의장대 시범이 보여지고 해군의 요람인 해군사관학교와 해군 통제부 등 군항의 주요 시설이 공개되며 매년 100만 명 이상의 관광객이 찾고 있다 한다. 특히 장복산 산길의 벚나무는 담홍색 꽃을 피워 장관을 이루고 열매는 7월에 흑자색으로 익는데 버찌라고 하며 맛이 그만이다.

경상남도 남해안에 위치하는 진해시는 서울에서 경부고속도로를 달리다가 대전에서 대진고속도로와 남해고속도로를 타고 진주, 창원, 마산을 거치면 닿는데 마산과 진해는 거의 붙어있고 서울에서는 약 400km로 천리길이다.

원산함(元山艦)은 원산항을 본딴 이름이다. 북쪽의 원산항은 우리나라 제일의 미항(美港)이자 양항(良港)으로 동해 영흥만 남쪽에 위치하여 세계적으로 이름난 송도원 해수욕장과 해당화 군락지인 명사십리를 업고 있다.

당나라 정승 가탐(賈耽)은 그가 편찬한 백화보(白花譜) 속에서 '해당화는 꽃 중의 신선이다'라고 썼고 '…원산에도/명사십리에 핀 해당화는/태양이 쓴 바다의 시라오' 이것은 「동해, 해당화」에서 김경수가 읊은 시의 한 구절이다.

길이 104m, 넓이 15.20m, 높이 25.30m, 톤수 3,300톤, 최대속도 22노트, 항속거리 4,500마일인 원산함 MLS 560은 한국전쟁을 계기로 해역에 대한 보호와 기뢰부설을 목적으로 1997년 9월에 우리 해군이 처음 국산으로 건조하여 이듬해인 1998년 2월에 취역했는데 한국전쟁 당시 아군 소해함 10여 척이 원산 앞바다에서 200여 개의 적 기뢰를 제거하여 전쟁을 성공적으로 수행하는데 기여한 역사적 사실을 재조명하기 위해 '원산함'이라 명명되었다. 이것을 인연으로 원산을 고향으로 실향민의 심금을 울려 함경남도 원산시민회는 10월 17일 원산함과 자매결연을 맺고 지금까지 거의 매년 4월 초 원산함을 방문, 장병들을 위문, 격려하고 있다.

올해도 진해 군항제에 맞추어 원산함이 진해만에 기항했다. 나는 원산 시민회 임원들에 끼어 위문단의 일원으로 행사에 참가하는 기쁨을 갖게 되어 4월 9일 일요일 아침 8시 양재역 서초구민회관 앞에서 원산시민회가 마련한 관광버스에 몸을 담고 경부고속도로, 대진고속국도를 거쳐 남해고속국도에 들어서기 전 삼천포 포구에 들러 싱싱한 생선회를 곁들인 점심을 먹고는 경상남도 도청소재지 창원과 마산을 지나 저녁 6시 30분경 진해에 있는 해군회관에 도착했다. 이 버스에는 함경남도 김기형 지사와 함경남도 다른 시·군 시민회장 또는 명예시장, 군수들도 여러분이 함께 하여 위문의 뜻을 한껏 높이는 계기를 마련했다.

김기형 지사는 원산 출신으로 관계에 진출, 여러 자치단체장을 거친 행정의 달인으로 200만 함경남도 도민들의 복지증진·화합과 단결·통일 위업 달성에 바쁜 몸인데도 버스에 동승하여 위문행사를 지원하였다.

그날은 남으로 내려갈수록 궂은 날씨가 되어 벚꽃 구경을 제대로 못했으나 비가 내리는 데도 해군회관에 도착하니 원산함 장병들이 도열하여 우리 일행을 맞아 주었고 해군회관에 내 숙소를 배당받고 여장을 푼 다음 원산시민회 주최의 만찬을 회관식당에서 저녁 7시 30분부터 가졌는데 우리 일행 37명과 동수의 해군 장병이 마주앉아 함께 식사하는 즐거운 시간을 가졌다.

원산함 함장 손영섭 대령은 환영사를 통해 바다를 지키는 원산함 장병들을 위해 먼 길을 마다하지 않고 오신 김기형 지사, 홍성윤 원산시민회장, 박태극 명예원산시장 그리고 여러 원산시민회 임원들의 성원에 감사하면서 조국 수호에 더욱 분발할 것을 다짐했다.

식단은 삼겹살구이였으나 건배와 답배가 이어지면서 만찬 분위기는 고조되었고 이채로운 것은 원산함 보급관인 이미경 여군대위가 홍일점으로 참석하여 일행을 기쁘게 했는데 공교롭게도 나와 마주앉은 행운을 가진 것이다. 이 대위는 대학 졸업 후 시험을 통해 사관으로 임용되었는데 나이는 30세 미만으로 보기 드문 미인형 대위였다. 근자 여성들이 진출 안하는 곳이 있을까마는 남자들도 어려운 함상 근무에 지친 기색이 없이 명랑하게 맞이하는 것이 여간 반가운 것이 아니었다.

김기형 지사는 만찬으로 끝나는 것이 아쉬워 자리를 옮겨 해군회관 내 노래방을 겸한 대형 네이비클럽에서 해군장병을 위한 여흥을 돋우었다. 해군장병들의 위문이라 맥주를 돌리면서 노래와 춤이 이어졌고 이 모든 비용을 김기형 지사가 부담하여 해군장병의 위문은 절정을 이루어 자매결연의 의미를 더욱 각인시키는 계기가 되었다.

다음날 오전은 해군사관학교 내의 관람이다. 원산함-원산시민회의 자매결연 8주년 기념행사는 오전 11시에 있으므로 먼저 해군박물관을 방문했다. 눈에 띄는 것은 1946년 5월 김구 선생이 진해 방문기념으로 휘호한 '맹산초목지 서해어룡동(盟山艸木知 誓海魚龍動)'이었다. 이것은 진해시 남원로터리 해군사관학교 입구에 세워진 시비(詩碑)로 우국과 충절을 읊은 이 충무공의 진중시(陳中詩)다.

그 밖에 1950년 인천상륙작전 때 위용을 발휘한 상륙함을 비롯하여 그동안 우리 해군이 사용한 군함들의 모형을 전시하고 있었으며 각국 해군사관학교생들의 예복·정복(물론 우리나라도 포함) 등이 이채로웠다. 놀라운 것은 2010년이면 우리도 항공모함을 건조하고, 핵추진 잠수함은 이미 우리나라 것이 세계적으로 우수하다고 미 해군이 인정했다는 것이다. 새삼 알게 된 것은 기뢰선(MHC, Mine Hunting Counter)은 철관의 차단(음파와의 차단)을 위해 플라스틱으로 건조한다는 것이다.

대한민국 해군은 손원일 제독에 의해 만들어졌다. 장보고・이순신 장군에 이어 해양보국의 정신을 계승시킨 손 제독은 평양 출신으로 해군의 산 역사여서 그분의 일대기(一代記)가 사진과 함께 전시되어 있어 그 위업을 감홍케 했다.

다음으로 임진왜란 때 진가를 발휘한 실물 크기의 거북선이 있다. 이순신 장군이 사령함으로 쓴 거북선은 사방이 나무로 둘러싸여 있어 가장 안전하여 수병(水兵) 사이에 인기 집중이었는데 거북선의 특징은 노(櫓)가 배 바닥으로 내려 있어 전투 때 다른 배와의 충돌을 피할 수 있었다 한다. 당시 왜군의 배는 노가 배 옆으로 삐쳐 나와 있어 자선(自船)끼리 충돌을 가져와 대패(大敗)의 한 원인이 되기도 했다고 한다.

진해하면 빠뜨릴 수 없는 것이 대통령 별장이다. 일명 이승만 박사 별장이다. 초대 대통령인 이승만 대통령이 자주 사용하여 붙여진 이름이다. 이승만 박사 별장이라 하면 1950년대 많은 이들의 입에 회자되던 곳이라 무척 궁금하였고 기회 있으면 꼭 가보고 싶은 곳이기도 했다. 1945년 10월 5일 해군 경비대는 일본군 통신대가 사용하던 목조 건축물을 인수하여 개조한 것인데 현재는 경상남도문화재 제265호로 1990년 1월 15일 지정되어 있다.

광복과 한국전쟁을 겪으면서 전 국민이 어렵게 살던 시절이긴 하지만 한 나라의 대통령 별장치고는 너무나 작고 검소하다. 집무용 책상 응접실과 회의실의 탁자와 의자, 주무시는 침대(1인용 두 개) 주방기구 등은 여염집 가구보다 더 못한 것들이었다. 검소를 생활철학으로 하는 이 대통령의 품성이 그대로 배어 있었다.

바다에 접한 6각정은 한 폭의 그림으로 1949년 8월 8일 당시 중화민국 장개석 총통과 태평양동맹 결성을 위한 회담장소로 쓰인 역사적인 장소였고 실내 응접실에는 화락(和樂), 침실에는 민족정기(民族精氣), 회의실에는 경천애인(敬天愛人) 등 이 박사 휘호 액자가 빛을 더하고 있었다. 우리 모두 익히 아는 바와 같이 이승만 박사의 한문 글씨는 당대의 명필이시다. 힘이 있어 역동적이고 정기가 흐른다.

원산시민회-원산항 자매결연 8주년 기념행사가 우천으로 인해 함상행사계획을 해군 실내체육관으로 변경하여 가졌는데 행사장에 도착한 원산시민회 일행은 함장 손영섭 대령을 필두로 도열한 군악대의 연주속에 단상으로 모두 안내되어 공식 기념행사의 막이 올랐다.

국민의례에 이어 손영섭 함장은 환영사에서 원산시민회 여러분의 방문에 감사하며 앞으로도 원산시민회와의 돈독한 유대로 한국 유일의 원산함 임무로 충실히 이행할 것을 다짐했다.

홍성윤 원산시민회장은 답사에서 원산함 방문에 손 함장 이하 전대원의 성의를 다한 환영에 감사하며 장병들의 조국 수호 의지 고양 그리고 원산 출신 김기형 도지사에 영예스런 명예회장 위촉을 계기로 앞으로도 더욱 협력할 것을 굳게 하고 위문금으로 금일봉을 손 함장에게 건넸다.

이어 손영섭 함장은 김기형 도지사에게 우레와 같은 박수 속에 원산함 명예회장 위촉패를 수여했고 명예함장으로 위촉받은 김기형 도지사는 "어젯밤은 해군장병들과 함께 흥겨운 시간을 보냈고 오늘은 명예함장으로 위촉받은 더없는 영광을 지닌 것에 감사하면서 대한민국 국민으로, 특히 원산인이라는 것에 뿌듯한 긍지를 느낀다면서 삼면이 바다로 둘러싸인 우리 해군에게 원산함이 해군의 주력함으로 역량을 배가하고 그 승조원들의 무운 장구와 부대 발전을 기원한다"는 인사를 했다.

기념행사를 마친 뒤 기념촬영을 하고 일행은 다시 해군의 안내를 받으며 원산함 함상에 올라 함정을 두루 살펴보고 나서 원산함이 마련한 비빔밥과 다과로 점심식사를 함께 한 다음 오후 1시경에 가랑비 속에 도열한 장병들의 환송을 받으며 원산함을 떠나 귀경했다. 버스 속의 일행은 못내 아쉬움이 남았는지 마치 금강산에서 반세기만에 만난 이산가족이 다시 이별하듯 연신 손을 흔들어댔고 내리는 비는 이별의 눈물인양 감회를 자아낸다.

우리 선조들은 예로부터 이 세상에서 가장 듣기 좋은 소리 세 가지를 들었다. 소위 그 삼호성(三好聲)이란, 첫째 손자놈 박자 맞춰 글 읽는 소리, 둘째 갓 시집 온 새 며느리 베틀에 앉아 베 짜는 소리, 셋째 오랜 가뭄 뒤에 논에 물이 콸콸 들어가는 소리를 들었다.

봄비는 땅의 얼음을 녹이고 에너지와 미네랄을 뿌려 만물을 생동케 한다. 홍수 뒤의 풍년이란 말이 있듯이 우리는 강이나 저수지에 물이 그득 차면 먹지 않아도 배부르고 마음이 든든하고 너그러워진다.

이번 여행이 그리 많은 비는 아니지만 빗속에서 치러져 자연 경관을 만끽하지 못했어도 비 오는 것의 의미는 더없이 더해 주었다.

여행을 익숙한 사람 익숙한 곳을 떠나 낯선 사람, 낯선 곳과의 만남이라고 했던가. 그래서 여행은 설레임, 그 자체인가?

다시 한 번 위풍당당한 원산함의 약동을 빈다.

천리포수목원

천리포수목원 원장 민병갈, 그의 원 이름은 칼 페리스 밀러(Carl Ferris Miller)다. 미국인 밀러 씨가 민병갈(閔丙渴)로 바뀐 데는 사연도 깊다. 그가 한국은행 고문으로 일하던 1960년대 초반 당시 한국은행 총재이던 민병도 씨와 형제처럼 지내는 사이였던 그는 한국인 본래의 모습대로 살고 싶어 한국 이름을 궁리하던 중 친구인 민병도 씨의 '민' 씨 성이 자신의 성 '밀러'와 발음이 비슷하다는 생각이 들어 민병도의 성과 돌림자를 쓰기로 하고 마지막 글자 '갈'은 자신의 본명(本名)에 있는 '칼'에서 따왔다. 그래서 생겨난 이름이 바로 '민병갈'이다(임주수 글, 내 사랑 천리포수목원 중에서 발췌).

세계에는 크고 작은 식물원이 많다. 그 가운데 큰 곳 10곳을 들면 1910년에 설립되고, 1만 2천 종의 식물을 갖고 있는 미국 뉴욕의 브룩클린식물원(Broklyn Batenic Garden), 1913년에 만들어진 남아프리카공화국 케이프타운의 커스텐보쉬 국립식물원(Kirstenbosch National Botanical Garden), 캐나다 퀘벡의 몬트리오 식물원

(Jardin Botanique de Montrea), 일본의 교토식물원(Kyoto Botanocal Garden), 포르투갈 마데이라의 보타닉 가든(Botanic Garden Madeira), 파리의 모네의 정원(Claued Monet Garden), 107년의 역사를 가진 세이셸공화국의 세이셸 국립공원(Seychelles National Garden), 미국 노스캐롤라이나의 빌트모어 에스테이트(Biltmore Estate), 역시 미국 애리조나의 토호노철 공원(Tohono Chul Park), 열대(熱帶) 식물들을 모아 놓은 바베이도스의 안드로메다 식물원(Andromeda Botanical Garden) 등이다.

식물원은 가만히 앉아 이루어지는 것이 아니다. 쉬임 없는 연구와 열정, 노력 그리고 땀으로 만들어진다.

충청남도 태안군 태안해안국립공원 내에 있는 천리포수목원은 우리나라에 귀화한 민병갈 씨의 각고의 노력과 이 분야 여러분의 협력의 결정체다. 태안국립공원 내에 있어 해안 경관이 수려하고 만리포·천리포의 유명 해수욕장이 가까이 있어 찾기도 쉬워 관광객이 끊기지 않는다.

보유식물(保有植物) 중 '목련' 1,800그루와 '호랑가시나무' 400여 종은 수목원에서 1997년 세계목련학회 학술대회, 1998년 세계호랑가시나무학회 학술대회가 열릴 만큼 국제적으로도 인정받고 있다. 우리는 흔히 목련은 우리나라에선 봄이 되면 제일 먼저 꽃피우는 통통하고 탐스러운 '흰목련'과 '자목련'을 연상하는데 이곳엔 가을에 피는 '노랑목련'도 있다. 또 '호랑가시나무'는 이 수목원에서 축제가 열릴 만큼 유명하다. 잎 모양이 호랑이 발톱 같다고 호랑가시라 불리는 '홀리'는 크리스마스 장식으로 인기를 끌면서 미국에선 '홀리학회'라는 단체까지 생긴 해양성기후(海洋性氣候)에서 잘 자라는 나무라 천리포에 심기에 알맞아 올 1월 중순 주말(週末) 1박 2일 동안 수목원 명소인 '밀러 정원'에서 축제가 열려 수목원 내 겨울 숲 산책, 낙엽 책갈피 만들기, 소망의 편지쓰기, 군고구마 구워먹기, 추억사진 인화 등 다양한 행사로 방문객들에게 겨울의 추억을 선사했다.

지난해 늦여름 어느 날, 나는 천리포수목원의 상임이사이신 이은복 교수의 배려로 이곳을 찾는 행운을 얻었다. 이 박사는 식물학의 권위의 한 분으로 문화재전문위원으로도 활약하며 충남 서산의 한서대학교에서 식물학으로 후학을 양성하는 학자이시다. 이 교수는 뙤약볕 아래를 거닐면서 나를 안내하여 나무의 이름과 특색, 주산지, 지형(地形), 식지(植地) 등을 설명하며 무려 네 시간 이상을 수목원 내 8개 지역을 걸었다.

주 지역인 본원, 생태교육원, 목련원, 침엽수원, 종합원, 묘목원 등을 두루 돌면서 나는 새삼 식물에 대해서 많은 것을 배웠고, 특이한 것은 그 많은 식물을 기르기 위한 물을 얻기 위하여 큰 연못을 이룩한 것이었다. 천리포수목원의 자랑거리이기도 한 큰 연못은 연(蓮) 잎으로 꽉 덮여 있었으며, 해마다 왜가리, 흰뺨검둥오리와 청호반새, 딱따구리, 동박새, 후투티, 제비, 휘파람새, 괭이갈매기, 녹색비둘기 등 100여 종의 철새들이 찾아오고, 수목원 개원 초기부터 농약의 사용을 최대한 억제함에 따라 다양한 곤충류가 서식할 수 있는 여건을 제공한 바, 육상동물로는 노루, 족제비, 산토끼, 고라니 등이 있으며, 연못 주위로 다양한 크기와 화색의 목련이 식재되어 있어 봄에는 수선화가,

여름에는 상사화가 군락을 이루어 장관이라 한다.

천리포수목원은 재단 이사장인 민병갈(미국명, Carl Ferris Miller, 1979년 귀화, 2002년 4월 8일 사망, 향년 81세) 개인의 기금 출연(出捐)으로 운영되었다.

1962년 매입한 2ha(약 6,000평)의 토지를 기반으로 1970년부터 연차적으로 부지를 확장해 가면서 기후가 비슷한 외국과 국내 여러 곳으로부터 현지 기후와 토양에 적응할 수 있는 식물들을 지속적으로 수집해 체계적으로 관리해 왔다. 약 60ha(약 18만 평)의 부지에 크게 8개 지역으로 나누어 각 지역의 토질·기후·기존 식물상 등 다양한 자연환경에 따라 종류도 적절히 배치 관리한다.

국내는 물론 미국 등 60여 나라로부터 수집한 총 1만 5천 종(2008년 기준)의 수종을 보유하고 있으며, 별도로 『보유식물 목록』을 발행한다. 중점 수종은 목련속 약 500종, 감탕나무속 600여 종, 동백나무속 약 400종을 비롯해 곰솔 소나무 등 침엽수 종류와 매자나무속, 진달래속, 참나무속, 단풍나무속, 불꽃나무속, 녹나무과 등이 있다. 그 외에 조록나무과, 자작나무과, 서향나무속, 장미과, 차나무과, 쇠고비, 고안초와 초본식물로 갯메꽃, 갯방풍, 현호색, 복수초, 곰취, 노루귀 등 다양한 식물들이 분포하고 있다. 여러 모양인 우리 국화(國花)인 무궁화속도 400여 종이나 있어 흐뭇하였다. 또 국내 자생 수종 수집뿐 아니라 세계 각국의 식물원 등과 교환을 추진함으로써 외국 수종을 확보하는 데도 힘써 왔다. 1978년부터는 국제적인 식물 연구 교류 사업인 인덱스 세미넘(Index Seminum)에도 참가해 현재 36개국

140개의 이름 있는 식물원·수목원·자연사박물관 등과 교류하고 있어 국제적으로도 그 명성을 알리고 있다.

천리포수목원의 정문에 들어서면 두 개의 초가집이 연결된 듯한 건물과 마주치는데 2층 사무실로 통하는 계단 입구의 변에 영문으로 새겨진 동판 기념패가 눈에 띈다.

Arboritum Distinguished For Merit By
The International Dendrology
Presented to Chollipo Arboretum
16 April 2000

이것은 국제수목학회가 아시아의 수목원으론 처음으로 천리포수목원에 수여한 명예훈장이다. 심혈을 기울여 일군 수목원이 원예학(園藝學)적으로 아시아에서 가장 잘 가꿔진 수목원임을 국제기구에서 공인한 것이며 '세계의 아름다운 수목원'이란 의미를 갖는 세계에서 11번째 수여된 것이다. 이밖에도 본부 건물 입구엔 '호랑가시나무학회'가 수여한 공인(公認) '호랑가시수목원(Official Holly Arboretum) 인증패가 걸려 있다. 미국의 내로라하는 부자들이 배타적으로 운영하는 이 단체가 다른 나라에 인증패를 준 경우는 프랑스에 이어 천리포수목원이 두 번째라 한다. 이는 한국보다 세계에서 더 알아주는 수목원이라는 뜻일 게다.

민병갈 원장은 한옥과 한복을 더 좋아한 서양인으로, 수목원 안의 모든 건물은 애초부터 한옥으로 예정하고 1976년 해안 별장을 꿈꾸며 첫 삽질을 할 때 가장 먼저 한 것은 서울에서 낡은 기와집을 옮겨와 짓는 일이었고 그래서 천리포에 처음 실려온 한옥은 서울 홍제동에서 도로공사로 헐린 집 세 채였다. 그 중의 하나는 어느 사대부(士大夫) 집 안채였는데 이 집을 수목원 내 최고의 명당인 본원의 해안 정벽 위에 옮겨 짓고 '소나무집'이라는 이름을 붙이고 본인이 이곳에 기거했다.

수목원 안의 최고급 한옥인 '목련집'을 옮겨 지을 때는 우여곡절이 많았다. 이 집은 안동 김씨의 종갓집으로 임하지구댐공사로 물에 잠길 운명에 놓여 있었는데 민 원장은 이 집을 사서 해체 복원하는데 웬만한 집 열 채 값도 더 들였다.

나무를 키우는 것은 기다림의 연속이다. 열매가 익어 씨앗을 얻고 싹을 틔우기까지는 물을 주며 또 몇 달을 기다려야 한다. 싹이 자라서 묘목으로 자라고 묘목이 자라서 제대로의 나무 행세를 하려면 또 몇십 년이 걸려야 한다. 우리들은 나무가 저절로 자라는 줄 알지만, 제대로 된 나무를 키우려면 어린애 돌보듯 오랜 기간 정성을 다하여야 한다.

25살에 연합군 중위로 한국을 딛고 이듬해인 1946년 제대함과 동시에 정책고문으로 지원해 우리 땅에 다시 남았다. 우연히 한 촌로(村老)에게서 사들인 천리포 땅과 첫 인연을 맺은 뒤 한국이 좋아 1979년 '민병갈'로 귀화하여 본격적으로 수목원을 조성하기 시작했다. 그때는 천리포는 전기도 없고 민둥산에 조금만 파도 소금이 섞인 흙이 나오는 박토인 데다 더욱이 그는 나무에 대한 지식이나 경험도 없었으나 주중(週中)에는 서울의 증권사에서 증권계의 거물로 일하면서, 주말에는 천리포로 내려와 시골 농사꾼으로 변신하여 '한국식물도감(韓國植物圖鑑)'이 해져서 떨어질 정도로 식물 공부를 했고, 동이 트기 전에 일어나 나무를 돌보았다. 꽃과 풀과 나무, 그리고 송충이, 지렁이, 거미, 새들이 모두 서로 더불어 살아야 한다는 그의 생각은 지금도 천리포수목원의 불변의 철칙으로 지켜오고 있다. 심지어 모기마저도 안 잡는 자연을 향한 그의 괴벽스러운 마음은 천리포수목원을 세계 여러 관련 학회와 유명 수목원으로부터 주목을 받았으며, 임업인(林業人)으로서는 최초로 우리 정부로부터 '금탑산업훈장'을 받았다. 땅 위의 모든 생명을 사랑하는 철저한 자연주의자로서, 인재를 기르는 즐거움으로 가난한 청년들에게 배움의 길을 터준 교육자로서 헌신하는 삶을 보여주었다. 죽어서 나무의 거름이 되고 싶다던 그는 실제로 수목원의 한 나무 밑에 묻혀 수목장을 지낼 만큼 천리포를 아끼고 사랑했다.

아름다운 자연에 감동하지 않는 사람은 없다. 하지만 아름다움을 만들어낸 분들의 위대한 혼신(魂神)에 감명받은 사람은 얼마나 있을까?

푸른 눈의 한 외국인이 세운 한국 최초의 민간 수목원, 세계수목협회 지정 아시아 최초 '세계에서 가장 아름다운 수목원', 목련 및 호랑가시나무 수종 최다(最多) 보유 수목원, 평생을 바쳐 신비하고 아름다움을 간직한 수목원을 일궈낸 민병갈 원장의 열(熱)과 성(誠)의 나무 사랑 얘기를 담은 것이 이 글이다. 고통이 없으면 얻는 것도 없다. 꿈은 이루어진다. 그런 가능성이 없으면 자연(自然)이 우리를 열심히 일하도록 격려하지 않을 것이다.

한옥과 한복, 김치를 좋아하는 민 원장은 의식 구조도 점점 한국인을 닮아갔다. 토박이 한국인 이상으로 국산품을 애용했고 우리말도 썩 잘했다. 그는 입버릇처럼 늘 나는 태안 사람이라 했다 한다. 그는 진정 한국인이다.

자동판매기의 나라 일본

늦더위를 노염 또는 만염이라 한다. 삼복이 지나고 처서가 가까워오지만 한낮의 더위가 만만치 않다. 집 가까이의 뒷산 봉산 숲에서 목청을 돋우는 매미소리가 이제 본격적으로 여름 축제를 알리고 있고, 고추잠자리는 더위를 못 이겨서인지 한층 더 높이 난다. 옥상에 자그마하게 일군 텃밭의 토마토는 내려쬐는 땡볕에 빨갛게 익고 있다. 거실 문을 열어놓고 먼 산을 바라보니 가끔 불어오는 바람에 슬슬 눈이 감긴다. 낮잠이라는 것이 인간이 노예가 되는 순간이다. 하긴 인간은 나이와 지위의 고하를 막론하고 삼중으로 노예가 된다 했다. 군주 또는 국가의 노예이며, 명성의 노예이고, 일의 노예다.

올 여름, 유난히도 더운 그 한더위의 8월 하순, 대한국제법학회는 국토해양부 후원으로 2009년 국제학술세미나를 일본 규슈의 후쿠오카시에 있는 규슈대학에서 개최했다. 국제사법재판(ICJ)의 1969년 북해대륙붕 사건 판결 40주년을 기념하고 이 판결이 동북아시아 특히 한·중·일 3국에 미친 영향과 전망을 분석하기 위해 이들 3개국의 국제법학자 50여 명이 참석한 이 세미나에 우리나라에서는 전국의 대학교수, 국제법학자 및 국토해양부, 외교안보연구원, 해양경찰청 관계관 등 34명이 참가했다.

8월 20일 아침 9시 30분발 아시아나 항공편으로 인천국제공항을 떠나 오전 11시경 일본의 후쿠오카 국제공항에 도착해 대기하고 있는 버스로 먼저 시내에 있는 아사히 맥주공장을 견학하고 점심을 먹었다.

일본 맥주의 4대 메이커의 하나인 아사히 맥주는 일본 전역에 4개의 대규모 공장을 가동하는 110년의 역사를 가진 대기업이어서 일본은 가히 '맥주의 나라'라고 할만 했다. 그 큰 생산시설이 완전 자동화여서 현장 종업원이 450여 명밖에 안 된다. 생맥주와 흑맥주를 맘껏 마시게 한다. 우리나라 관광객이 가장 많았다.

오후엔 태재부천만궁을 구경했다. 학문의 신 스가와라 미치자네를 신으로 모신 신궁이다. 서기 10세기의 인물로 55세에 천황의 오른손격인 우대신이라는 관직에서 갑자기 다자이후의 관리로 좌천된 미치자네는 누명을 벗지 못하고 2년 후 그곳에서 죽는다. 다자이후란 1,300년 전에 규슈 전체를 다스리는 커다란 관청으로 500년 동안 그 역할을 누렸다. 이키, 츠시마 섬들을 관할하고 외교, 국방을 담당하기도 하였다.

백성들로부터 신망과 존경을 받는 그를 위협으로 느낀 반대 정치세력들이 모략을 꾸며 당시 정치의 중심지였던 교토에서 그는 멀리 변방인 규슈의 다자이후로 좌천당하게 된다.

학자 집안에서 태어나 어려서 학문을 닦고 글을 잘 써 11살에 일본 최초의 한시를 지은 수재인 그는 이곳에서 학식이 풍부한 학자로서 덕을 쌓으며 지방 관리의 업무를 성실히 수행했다. 그가 죽자 장례를 치르기 위해 그로부터 글을 배운 제자들이 시신을 수레에 싣고 소로 하여금 끌게 하여 미리 정해둔 묘소로 가던 중 소가 갑자기 멈춰서서 꼼짝도 하지 않자 어쩔 수 없이 예정했던 장소를 바꾸어 소가 멈춰선 그 자리에서 장례를 치르고 작은 절을 그의 묘위에 세웠는데 그 절이 '텐마구'다. 이후 후대에 그의 업적이 높이 평가받아 신사로, 다시 신궁(높은 신을 모시는 곳)으로 승격되었고, 현재의 본전(신령을 봉안하는 전당)은 1591년에 건축한 것으로 중요문화재로 지정되었다. 잘 가꾸어진 넓은 경내에는 매화, 녹나무, 꽃장포 등이 계절마다 아름다운 꽃을 피운다. 이곳의 명물은 2,000여 그루의 매화나무인데 그중 우리의 심금을 애틋하게 자아내는 매화나무는 본전 앞에 자리한 '비매'다.

이런 일화가 있다. 스가와라 미치자네가 좌천되기 전에 교토의 집 앞마당에 심어놓은 매화를 두고 다자이후로 이사하여 왔는데 교토에 두고 온 매화나무가 그리워서 다음과 같은 시를 한 수 읊었다 한다.

동풍이 불어오네
사랑하는 매화나무야 너는 잘 있느냐
건강히 잘 있거라
매화나무야

그런데 이 시를 500km나 떨어진 교토에 있던 매화나무가 듣고 하룻밤 사이에 뿌리째 뽑혀서 옛 주인이 있는 곳으로 날아왔다고 한다.

이 이야기가 전해지면서 이 나무를 '비매' 즉 날라온 매화나무라 불렀다는 것이다.

또한 이곳에서는 스기와라 미치자네의 묘자리를 점쳐 준 소를 신우라고 하여 소 동상이 많다. 그래서 소 동상의 뿔을 만지면 머리가 좋아진다는 전설이 있기도 하다.

후쿠오카는 일본 규슈의 북서부에 위치하고 하카타만에 면한 현청소재지로 면적은 약 340㎢, 인구 140만의 큰 도시다. 규슈의 정치, 경제, 문화의 중추적 도시로 옛적에는 견수사, 견당사의 기지로 번영하였고, 15~16세기에는 중국 명나라와의 무역이 번성하였다. 서일본의 원양어업기지인 하카타항은 어획량이 전국의 2~3위를 차지할 정도이며 화학, 방적기계, 인쇄제본, 식료품공업 등이 활발하다. 철도는 전국 각지로 통하고, 항공노선은 국내선을 비롯하여 서울, 부산, 홍콩, 타이베이 등과 연결된다. 현재 우리가 후쿠오카라고 부르는 대도시는, 실은 두 개의 마을이 합쳐진 것이다. 명치 때에 후쿠오카와 하카타가 합쳐졌다. 그런데 후쿠오카에서는 유독 항구의 이름을 '하카타항', 역의 이름도 '하카타역'이라 부르고 있다.

부산에 있는 항구는 '부산항', 고베에 있는 항구는 '고베항', 항구의 이름은 당연히 그 항구가 위치한 도시의 이름을 따른다. 역 이름도 마찬가지다. 서울의 중심 역은 당연히 '서울역', 도쿄의 중심 역은 도쿄역이다.

후쿠오카시의 동쪽으로 텐만구와 하카타역이 있는 '하카타'라는 마을이 예로부터 항구를 중심으로 발달한 상업의 중심지로 현재도 규슈 최대의 변화가가 존재하는 활발한 도시여서 큰 건물이며 회사, 상점, 식당 이름도 하카타라는 이름이 즐비했다. 행정상 도시명은 후쿠오카지만 하카타도 함께 쓰는 곳이 여기여서 혼동하게도 된다.

8월 21일 금요일, 도착한 다음날 오전 9시 30분부터 오후 1시까지 규슈대학 법문학부 대회의실에서 현안의 학술회의가 열렸다. 정인섭 대한국제법학회장의 인사에 이어 서울대학교 법학전문대학원 이근관 교수의 사회로 먼저 우리나라 한남대학교 이석용 교수의「1969년 북해대륙붕사건이 한국 해양법제 및 실행에 끼친 영향과 향후 전망」, 두 번째는 일본 아이치대학 미요시 마사히로 교수의「…일본 해양 법제 및 실행에 끼친 영향과 향후 전망」, 세 번째는 중국 대표의 미참으로 동경대학 허숙연 박사가 대륙붕과 해상 경계 확정시 생기는 문제를 영상을 비치며 발표했다. 허 박사는 우리나라 여성이다. 당연한 것이지만 국제학술회의답게 통역 없이 모든 과정이 영어로만 진행되었다. 우리나라 젊은 교수들의 수준 높은 영어 실력에 새삼 감탄했고 장래가 촉망됐다.

세미나는 발표, 토론, 질문이 순조롭게 이루어지면서 많은 것을 다루었다. 가치 있는 성공적인 학술회의로 자평한다.

역사 깊은 규슈대학은 일본 세 번째의 국립대학으로 그 규모가 컸다. 신식 건물과 구식 건물이 혼재해 있으나 학풍이 줄줄 흐르는 것 같았고 역동적이었다. 지금의 캠퍼스가 좁아 새로 넓은 부지에 대학을 짓고 옮겨간다고 한다. 부지를 닦는 사진과 건물 조감도가 눈에 띈다.

8월 22일 토요일, 마지막 날은 대단원을 이루는 뜻에서 색다른 곳인 시내 중심에서 한참 떨어진 100년 전통의 옛 민가 구조 식당인 하카타 '미네마쯔 본가'에서 명물 '돈멘'을 먹었다. 캬베츠, 콩나물, 당근, 생선묵, 돼지고기 등과 다량의 조개류, 거기에 수타면을 함께 감칠맛 나는 육수로 끓인 우리나라 짬뽕 풍의 돈멘이 직경 32cm의 큰 질그릇에 담아 나오는데 그릇이 크니 양도 많았고 그것도 마룻바닥에 앉아 먹으니 일품이었다. 우리 입맛에 알맞았다.

'하카타'를 한자로 '博多'라고 쓰는데 우리말로 이를 그대로 읽으면 '밝다'다. 이렇게 유추하면 한자로 博多는 우리말의 밝다에서 나왔다고 볼 수 있다. 우리나라와 가장 가까운 항구 중의 하나이긴 하지만, 우리말이 일본의 지명에 남아있다니(?) 흥미로운 일이 아닐 수 없다.

오후에는 귀로에 신세기 신박물관이라는 새로 지은 규슈국립박물관을 관람했다. 「문화는 서로부터 규슈로부터…」 라는 일본에서 네 번째인 국립박물관은 일본문화의 형성을 아시아적 관점에서 찾고, 구석기 시대로부터 근세 말기에 이르는 일본과 아시아의 문화교류 역사를 다각적인 시야에서 포착하는 그래서 우리나라 문화재도 상당수가 전시되었다.

일본은 어디를 가나 깨끗하다. 거리며, 산이며, 집이며 어느 곳 할 것 없이 깨끗하다. 기후 탓인지 산은 푸르고 나무가 울창해 사람이 들어갈 수 없을 정도다. 자동차는 많지만 질서정연하다. 모두가 활기에 차 있다.

우리나라도 이제는 많아졌지만 일본은 자동판매기가 많은 나라다. 어디를 가나 자판기가 서 있다. 큰길가는 물론 작은 길이나 산마루 그리고 뒷골목 길에 더 많다. 한두 개가 아니고 십수 개가 나란히 서 있다. 왜일까? 범죄 예방에 도움이 된단다. 밤에는 특히 길은 어두운데 자판기 불빛이 어둠을 씻어주어 범죄행위를 막아준단다. 그럴상 싶기도 하다.

이번 여행에서 눈에 띄는 것은 안내를 맡은 박영민 일본어 통역가이드였다. 미모에다 붙임성도 있어 여러 사람에게 호감을 주었는데 일본어도 썩 잘하고 후쿠오카의 지리, 역사도 꿰뚫고 있어 젊은 여성이 언제 저렇게 숙달하였을까 하고 의아해할 정도였다. 어디가면 무엇이 있고, 무슨 물건은 어디에 가면 살 수 있다는 등 상점 이름도 훤하다. 정말 씩씩하고 활동적이어서 덕분에 여행이 즐거웠다.

쌍계사(雙磎寺)의 오후

누가 5월을 방향(芳香)의 계절이라 했던가.

사계절 중 가장 좋은 달이 5월이다. 이 좋은 달에 적십자동우회는 봄철 행사로 새로이 개통된 마이산 기슭 길을 따라 쌍계사를 찾았다.

경상남도 하동군 화개면 운수리에 있는 절 쌍계사는 삼신사(三神寺)의 하나로 방장산(方丈山)이라 불리는 지리산 남록(南麓)의 국립공원 내에 위치한 대한불교조계종 제13교구 본사(本寺)다. 신라 3대 성덕왕 22년(723) 의상대사의 제자인 삼법스님과 대비스님이 창건했는데 처음엔 '옥천사'라고 불리던 것을 헌강왕(886~887)이 두 계곡이 만나는 절의 지형을 보고 이름을 쌍계사로 고쳐 불렀고, 임진왜란 때 불탔던 것을 1632년에 벽암대사를 비롯한 여러 승려들에 의해 복구·증수되어 오늘에 이르고 있다.

경남 하동군은 전남 구례군과 면접해 있고 하동의 화개장터는 지금도 갖가지 볼거리로 명성을 갖고 있다. 화개장터에서 길을 건너 다리를 지나 올라가는 언덕길은 조금 가파르기는 했으나 걷는데 숨 가쁠 정도는 아니고 올라가는 바른편에 우뚝 선 보호수 이팝나무는 희디흰 흰 솜을 둘러씌운 듯 하얀 꽃이 만발하여 쌍계사를 찾는 이들을 반긴다. 높이 18m, 둘레가 2.1m나 되는 이팝나무는 수령이 500년을 넘겼다니 경외스러움마저 든다.

일행은 경로(敬老) 혜택으로 출입구를 무료로 통과하고 한참 계곡을 끼고 올라가니 일주문이 나왔다. 내청교(內淸橋)를 건너 혜능대사(慧能大師)의 정상(頂相)을 모셨던 금당선원과 전통강원, 팔영루 등 많은 문화재가 있어 이를 둘러보고 대웅전 앞마당에 들어서니 우뚝 서 있는 9층 석탑(石塔)이 압도한다. 고산스님이 인도 성지 순례를 마치고 돌아 올 때 스리랑카에서 직접 모셔온 석가여래 진신사리(眞身舍利) 삼과(三顆)와 산내 국사암 후불탱화에서 출현한 부처님의 진신사리 이과(二顆)와 전단나무 부처님 일위(一位)를 모신 곳이다. 견고한 믿음을 지켜주며 악에 대하여는 철퇴를 내리는 천신(天神)이다. 오후라 해가 중천에 떠있어 그 햇살을 맞으며 고색창연한 자태와 웅장한 모습을 간직하고 있는 미려한 9층 석탑, 그 가늠할 수 없는 신비의 존재를 끌어안을 수 없어 한참을 꼼짝하지 못했다.

참으로 오랜만에 쌍계사를 다시 찾는 관광길에 올랐다. 산과 수림에 둘러싸인 오후의 절은 5월이라 내려쬐는 눈부신 햇살아래 고즈넉이 앉아 참배객의 발을 멈추게 한다.

절은 그리 크지 않지만 기와는 푸르고 송림은 창취(蒼翠)하도록 어울리고 언제 이렇게 많은 꽃들이 피었는지 거기에다 다른 곳에서 보지 못했던 연꽃모양의 꽃모양도 특이한 동백꽃이 영롱함을 더한다. 옛 조선 남방에는 동백꽃이 있어 동계(冬季)에도 능히 염려(艶麗)한 붉은 꽃이 피어 무화의 시절에 홀로 봄빛을 자랑하고 있었으니 이 꽃이 동절에 피어 동백(冬柏)꽃이란 이름이 생겼다. 이밖에도 아기자기 귀여운 꽃과 초록 물결이 찬란한 나들이를 있게 한다.

길을 따라 흐르는 시내는 흉중의 진애가 다 씻기어 모든 번뇌가 없어지는 듯하다. 옛 방식대로 돌층계를 오른쪽으로 올라 주불(主佛)을 안치한 사원의 정당(政堂) 대웅전 앞에 서니 먹장삼 엎드린 비구(比丘)가 있어 번뇌가 자연(紫煙)처럼 타오른다.

불교는 과연 하나의 종교인가? 어리석은 물음이다. 세존(世尊, 석가세존의 준말)의 가르침과 대승(大乘)의 가르침은 어떤 관계인가? 염불 위주의 신앙은 세존의 가르침과는 다르지 않은가?

불교를 알기 위해서는 기독교 등 다른 종교를 아는 것이 매우 큰 도움이 된다. 그래서 기독교의 연구도 게을리 하지 않는다.

현대문명이 화려한 진보를 했음에도 불구하고 한편으로 현대는 크나 큰 위험과 모순을 갖고 있다. 이것은 현대문명의 기조가 감각에 있기 때문이다. 물질을 더욱 풍요롭게 하고 즐거움을 더욱 많게 하려는 것이 현대문명의 비밀인데 이것은 문명의 근본이 감각에 있다는 것을 보여주고 있다. 과학의 발달에 따라서 물건은 대단히 풍부하게 되고 오락도 여러 가지가 생겼다. 그러나 정신면에 있어서 과학문명은 인간을 진보하게 할 수가 없었다. 바로 이 점이 현대문명의 맹점이 되고 있는 것이다.

주력(呪力)을 하고 염불을 하는 것은 과연 무슨 뜻이 있을까? 마음의 믿음을 입으로 소리 내어 표현하는 일이 매우 중요하다.

내가 어린 소년일 때 염불에 대해 품고 있던 여러 의문은 당연히 소박할 수밖에 없었다. 그 하나가 입으로 염불을 외워서 구제된다는 그것이었다. 정토종(淨土宗)의 말을 빌면 구제가 아니라 왕생(往生)이다. 염불을 외움으로써 죽은 뒤 정토에 가서 태어날 수가 있다는 것이다. 그것이 어쩐지 믿어지지가 않고 어설픈 가르침 같은 생각이 들었다. 왜냐하면 구송(口誦), 즉 입으로 외우는 것과 왕생 내지는 구제를 관련시키는 이론이 분명히 이해되지 않았기 때문이다. 허나 지금도 구송은 끊기지 않고 많은 보살이 절을 찾는다. 그 절은 산중에 있고 불상 앞에 가면 저절로 합장하면서 무릎 꿇는다.

이날도 쌍계사에는 많은 사람이 붐볐고 저마다 사진 찍기에 바쁘면서도 대웅전 안 금불상 앞에서는 비록 법당 안에는 들어가지 않았어도 활짝 열려진 문간에서 합장하고 머리 숙여 기도한다. 나도 그 틈에 끼어 조국의 평화, 가족의 건강을 주문했다.

쌍계사의 오후는 화창한 날씨 속에 오늘도 신비를 간직하고 있었다. 하늬바람 일렁이는 봄바람 따라 쌍계사 가는 길 꽃구경하고는 일행은 출입문 바깥쪽 입구에 늘어선 노점상 아낙네들이 부르짖는 더덕이며 두릅 등 산나물을 흥정하느라 한동안 시끌벅적하다. 쌍계사를 뒤돌아보며 다음 목적지인 전라북도 남원 광한루와 무한한 가능성의 글로벌 명품이자 국토의 면적을 바꿔 놓은 풍(豊)·화(和)·격(格)을 갖춘 동북아 경제중심지 새만금 현장으로 떠났다.

여수에 가다

일 년 중 제일 좋다는 5월 하순, 나는 여수로 가게 됐다.

삼라만상(森羅萬象), 비록 꽃은 적지만 녹음이 우거지고 훈풍이 눈꺼풀을 살랑살랑 흔들어 졸음마저 가져다주는 봄의 자락이다.

전라남도 여수는 그리 큰 도시는 아니지만 2012년 5월 즉 내년 중반에 세계가 관심을 갖고 있는 여수세계박람회가 열리는 곳이다.

그날 오전 10시 5분 서울역에서 떠난 새마을호가 대전, 전주, 익산을 거쳐 여수에 닿은 것은 오후 3시 25분경.

차창으로 보이는 농촌 풍경은 푸르러 평화스러웠고 널찍널찍 네모꼴로 죽죽 뻗은 호남평야의 광활한 들은 보기만 해도 시원하고 풍요로움을 더한다. 모를 심은 데도 있고 물을 가득 채워 곧 심으려고 하는 곳도 있으나 그곳이 우리의 식량 보고(寶庫)라 생각하니 가슴이 뿌듯했다.

말끔하게 꾸며진 식당차 창가에 앉아 도시락으로 점심을 먹으며 휙휙 스쳐가는 와중에 논산을 지나고 채운역과 강경역에 이르는 국도에는 벚꽃나무가 양쪽으로 늘어서 있는데 비록 꽃은 졌으나 푸르름이 더하니 꽃이 피었을 때를 상상하면 이국적 풍경을 그리게 한다.

나는 외국을 많이 다니지 못했으나 내 나라라 그런지 우리나라 산야 만큼 아름다운 곳이 없었다. 부드럽고 윤기 흐르는 곳이 우리나라다.

1962년 군사혁명이 있은 다음해 2월에 지금으로 말하면 '백내장' 수술을 하러 여수에 간 일이 있다. 그때는 백내장 수술을 '개안수술'이라 명명했다. 심청이 애비 심봉사의 눈을 뜨게 하는 것이 아니고 지금은 쉽고 흔하게 하는 백내장 수술 차 당시 우리나라 안과도규계의 권위이신 수도의과대학장(현 고려대학교 의과대학 전신) 김희준 박사와 동 의과대학 부속병원 안과 전문의 6명, 간호사 등 농·어촌 의료반 일행이 경상남도 오지인 거창과 해상공원 통영에서 시술을 마치고 배를 타고 한려수도(閑麗水道)를 따라갔다. 여수에 닿은 곳은 그 유명한 '오동도'로 여수항을 일구는 축항사무소 앞, 눈 속에 빨간 꽃이 피어 있었는데 흰 눈 속에서 머리를 드러내고 초롱초롱 피어있는 자태는 한낮의 작렬하는 태양과 더불어 영롱하기 그지없었다. 이것이 내가 처음 대한 어린 동백꽃의 인상이다. 50여 년이 지난 지금도 그 자태가 눈에 선하다. 그래서인지 나는 지방을 다니다 동백나무가 있으면 씨를 모아 왔고 화분에 심어 충청남도 외연도의 동백을 비롯하여 대여섯 종류를 키우고 있다. 동백꽃은 지역에 따라 모양과 색깔이 다르며 질 때는 꽃잎 하나하나가 떨어지지 않고 여인의 정절을 상징하듯 꽃이 봉오리째 떨어진다. 이번에 여수에 가면서 50년 전 그때를 영상하면서 갔고, '오동도'를 찾아 씨를 얻어오려 했으나 영글지 않아 가져오지 못해 그곳 친구에게 부탁했다.

여수역 앞 광장에 세계박람회 홍보관이 있어 둘러보고 해안선을 따라 펼쳐진 시가지를 보며 '오동도'로 갔다.

여수의 대표적인 자랑거리 중의 하나인 '오동도'는 여러 가지 다양한 행사와 자연림, 야경 등으로 여행객의 발길을 붙잡는 관광지다. 동백꽃 열차가 다녀 훤히 트인 바다를 보며 가는 것은 또 다른 맛을 준다. 서방파제 끝에서는 오동도 정상으로 오르는 산책로와 중앙광장으로 연결된 도로로 나뉜다. 오동도 정상으로 오르는 길은 네 군데가 있다. 서방파제 끝, 식물원 뒤의 용굴 가는 길, 중간의 야외음악당 가는 길, 광장이 끝나는 맨발 산책로에서 등대 방향으로 오르는 길이다.

우선 큰 길을 따라 광장으로 들어선다. 50m쯤 가면 왼쪽 해안에 갯바위가 있고, 여기에서 오랜 세월 이곳을 지킨 해녀들이 갓 잡아 올린 멍게, 해삼 등에 소주 한 잔을 권한다.

잔디 광장에는 임진왜란 때 혁혁한 전과를 올렸던 거북선과 판옥선이 전시되어 있다. 이 전시장 앞의 돌비석에 '약무호남(若無湖南)시무국가(是無國家)'라는 글귀가 쓰여 있다. "만일 호남 땅이 없었다면 나라도 없었을 것이다"라고 하신 이충무공의 말씀을 상기시키기 위한 글귀다.

오동도 전설비가 있는 전설로에 들어서면 작은 삼거리 중앙에 서 있는 오동도 내에서 가장 오래된 수령이 약 400년 이상인 동백나무를 볼 수 있다.

전설로에서 등대를 향해 오른다. 등대 왼쪽에는 동백림(冬柏林)이 무성히 조성되어 있다. 이곳이 오동도 내 최대의 동백군락지다.

등대 위에서 보는 확 트인 바다는 속을 확 트이게 만든다. 배산임수(背山臨水)인 여수 앞바다는 남해안의 청정해역인 데다 듬성듬성 크고 작은 아름다운 섬들이 여러 개 있다. 멀리 아련히 보이는 자연이 살아 숨 쉬는 거문도, 서도, 동도, 작은 섬, 소상부도 등이 시야를 즐겁게 한다.

여수지역 특산물인 '돌산 갓'은 한반도 남단의 따뜻한 해양성기후와 비옥한 알칼리성 토질의 독산지역에서만 생산되는데 톡 쏘는 매운 맛과 섬유질이 적고 잎과 줄기에 잔털이 없으며 연하고 부드러운 연녹색으로 성인병, 허약체질 개선 등에 효과가 있어 나도 즐겨 먹는다.

이튿날은 실향민의 구심체인 여수·전라남도지구 함경남도 도민회 정기총회가 여수 시내 중심가 지역 센터에서 있어 한원택 함경남도 지사님을 모시고 참석했다. 고향의 설움을 딛고 일어서 낯선 곳에서 성가한 분들의 모임이다. 1년에 한 번씩 모여 즐거운 얼굴들이 서로 만나 회포를 나누며 통일이 되어 몽매에도 그리운 고향에 갈 때까지 건강하게 살자며 소주잔을 기울이고 위로하며 눈물을 글썽인다.

일천만 이산가족이 소원하는 평화통일은 언제 올 수 있을까?

이틀간의 여행이라 그것도 공무출장이어서 주마간산으로 본 여수지만 세계박람회 준비에 도시 전체가 역동적이었고 구각을 벗어나는 획기적인 건설 현장이 눈을 파고든다.

바다를 통해 21세기 인류의 새로운 미래를 열어가는 2012 여수세계박람회를 계기로 해양의 도시, 무역의 도시, 수산·조선의 도시, 관광의 도시로 탈바꿈하여 인류의 뉴 프런티어인 해양의 보존으로 지구 환경을 보호하는 이름 그대로 아름다운 여수(麗水)가 되기를 빈다.

일상의 권태로움에서 문득 파도소리, 바닷바람이 해송을 스치는 소리를 듣고 싶고, 하늘빛을 닮은 푸르름을 보고 싶어지면 여수에 가보자.

제3부

여름 · 가을 한가운데로 계절이

여름·가을 그 한가운데서

역사란 인류 사회의 지나간 세월의 변천과 흥망성쇠의 기록이라 할 수 있다. 또한 어떤 사물의 흔적을 기록한 것이기도 하다.

농업이 그 열매를 높은 언덕에서가 아니라 낮은 골짜기나 들에서 얻어내는 것과 같이 역사도 탁월한 인간에서가 아니라 수수한 보통 사람들과 평균 수준의 인간들에게서 양분을 섭취하는 경우가 많다.

그러므로 정사(正史)뿐만 아니라 야사(野史)도 역사일 수 있고 민담(民譚)이나 구전(口傳)·전설·고담 같은 것도 역사의 중요한 자료의 구실을 하게 된다. 신화나 우화 같은 것을 역사철학자들이 중요시 하는 것도 이 때문일 것이다.

내 고향은 지금은 북쪽인 함경남도 문천, 원산(元山)에서 북쪽으로 80리 떨어진 문천군 천내읍 제위리다.

이웃에는 믿기지 않을는지 모르지만 이태조(李太祖, 成桂)의 할머니 경순왕후(敬順王后)의 친정집이 있어 이곳에서 조선왕조의 태조가 태어났다는 노홍리가 있다.

육당(六堂) 최남선의 백두산 근참기(白頭山 覲參記)에 보면 "함경선은 이번이 초승(初乘)인데, 더욱 백사청송(白砂青松) 밖으로 일망무애(一望無涯)의 청파(青波)를 끼고 나가는 풍광미(風光美)는 굽이굽이 새로운 감흥을 자아냄이 있다. 좌로 두류산(頭流山)을 헤치고, 우로 송전만(松田灣)을 물리치면서 명랑한 기운이 사방에 그득한 일국면(一局面)의 내닫는 것은 영흥(永興)인데, 산은 부려(富麗)하고 들은 장윤(壯潤)하여 이태조의 용흥지(龍興池) 됨에 모자람이 없음을 깨닫게 한다." 말할 나위 없이 이는 함경선 기차를 타고 동해안을 끼고 가는 원산 북방의 아름다운 풍광미를 찬양한 대목이다.

가을이면 어김없이 찾아오는 물고기가 있다. 그것은 연어다. 연어는 회귀성(回歸性)이 강한 물고기이기 때문이다.

두류산에서 시작하여 천내리를 거쳐 제위리(祭位里)에 이르러 강폭이 점점 넓어지고 영흥만으로 흘러 들어가는 전탄강(箭灘江)은 그 길이가 무려 100km가 넘는 큰 강이다. 이 강은 그 근방 제일의 강으로 물이 맑고 깨끗하며 바다가 가까워 여러 가지 종류의 물고기가 많이 놀고 있을 뿐만 아니라 관개시설(灌漑施設)이 잘된 드넓은 벌을 곡창지대로 만들고 있다.

화제의 고장 이름은 제위리다. 철도역으로 치면 전단역으로서 문천군(文川郡)과 고원군(高原郡)의 경계를 이루고 이곳(역은 고원 전탄 쪽에, 강은 문천 전탄 쪽에 있어 '고원 전탄', '문천 전탄'이라 부름)에서 함흥(咸興)으로 가는 국도를 따라 전탄강을 건너려면 이 전탄교를 지나야 한다.

영홍만의 바다가 그리 멀지 않아서인지 여름이면 새우잡이가 한창이 된다. 새우잡이를 위해서는 '싸리'로 새우잡이 둥지를 만든다. 이것은 앞쪽은 입을 벌리고 뒤끝은 물고기 꼬리 모양으로 동여맨다. 밤에 차돌이 섞인 잔돌이 많은 물 얕은데다 모래와 섞어 5~10m 정도 둑을 쌓아 물을 막은 다음 새우통을 물 흐르는 방향으로 물이 찰랑찰랑하게 흐르게 해놓고 한밤을 지낸다.

더운 여름밤을 다리 위에서 멍석을 깔고 시원하게 자고 난 다음 날 아침 해 뜰 무렵에 가 보면 그 둥지에 새끼손가락만큼이나 큰 새우가 한통 가득히 차 어린 시절의 힘으론 혼자 들 수 없을 정도로 많이 잡혀, 물이 줄줄 흐르는 새우통을 등에 메고 의기양양하게 집에 들어오곤 했다. 이 얼마나 신나는 일이었던가!

그러나 이보다 가을이면 더 신나는 일이 벌어진다. 연어잡이 이야기다. 연어는 가을이면 영락없이 알을 까기 위하여 오호츠크해로부터 동해을 거쳐 영홍만 바다에서 전탄강을 거슬러 올라온다. 그때는 가을 중턱쯤 된다.

전탄교 밑 맑은 물에는 굵디굵은 토실토실한 연어들이 떼지어 물살을 가르며 힘차게 올라온다. 이것을 다리 위에서 내려다보면 가관이 아닐 수 없다. 그러면 마을 청·장년들은 연어 낚기를 시작하게 된다. 그 방법 중에는 다리 위에서 작살을 던져 잡는 방법이 있다. 마치 바다에서 고래잡이를 하는 포경선의 경섬(鯨銛)과 같이.

세 갈퀴의 쇠작살에 손잡이로 나무대를 길게 끼어 작대기를 만든다. 연어떼가 물이 약간 얕은 데를 지나갈 순간이면 높이 10m의 다리 위에서 난간을 받치게로 작살을 던지는데 영락없이 그 작살이 연어의 등에 꽂힌다.

연어는 선지피를 흘리며 작살이 등에 꽂힌 채 몸을 흔들며 달아나다가는 얼마 못가서 옆으로 기우뚱하게 뉘이고 만다. 이렇게 해서 연어를 잡는데, 흥미로운 것은 작살을 아무렇게나 던진다고 해서 맞는 것은 아니다. 작살을 쥔 사람은 연어가 헤엄치는 속도와 물의 깊이 그리고 던지는 거리를 겨냥해서 정확하게 힘 있게 내리찍어야 맞는 법이다. 이것은 오랜 경험과 기술 없이는 아무나 못하는 일이다.

우리는 그 싱싱한 연어 맛을 영영 잊을 수 없다. 그 뭉게뭉게 쌓인 앵두알보다도 더 큰 연어알 맛 또한 잊을 수가 없다. 어찌 그 맛을 원양어선이 잡아 냉동처리한 요즘의 연어에다 비할 수 있겠는가?

사람도 나이가 들면 고향을 찾는다더니 50년 전의 전탄강의 새우잡이와 연어 낚기는 지금도 나의 눈에 선하고 아른거려 통일의 염원과 함께 아름다운 추억으로 살아남아 있다.

물은 아래로 흐른다

중국 춘추시대(春秋時代 : BC 770~BC 403)의 사상가로 도가(道家)의 시조(始祖)인 노자(老子)의 글 중에서 '상선약수(上善若水)'란 말이 있다. 최상의 선(善)은 물과 같다는 말이다.

여기서 물이 상선(上善)인 이유를 세 가지를 들고 있는데 그 첫째는 물은 만물에 혜택을 주고 있으니 천지(天地) 간에 물 없이는 아무것도 할 수 없으나 이처럼 중요한 존재이면서도 물은 다른 것과 공명(功名)을 다투지 않기 때문이라고 한다.

또 하나는 사람은 누구나 한 발짝이라도 높은 위치 또는 자리를 원하나 물은 그 반대로 낮은 곳으로만 흘러가되 고른 수면(水面)으로 평평하게 흘러가 법(法)에 있어서 공평(公平) 혹은 형평(衡平)을 뜻하듯 높고 낮음이 없기 때문이다. 세 번째는 낮은 곳에 있으므로 커지기 때문이라고 했는데 계곡을 흘러 강을 이루고 다시 바다로 흘러 대해(大海)를 이루니 큰 존재가 된다는 것이다.

월악(月嶽) 한지(韓祉)는 숙종 때 문신(文臣)으로 청백하기로 유명했다. 그는 감사(監司)로 있을 때 동 트기 전에 세수한 후 관을 쓰고

도포를 입으면 하루 종일 그 옷차림 그대로 공사(公事)를 처리하면서 몸을 뒤틀거나 흔드는 일이 없었다고 한다.

그는 여느 정승처럼 자리 곁에 베개나 앉을 때 몸을 기대는 방석인 안석(案席)도 두지 않았는데 그와 3년 이상을 함께 지낸 사람도 그가 피곤해서 하품을 하거나 기지개를 켜는 모습을 본 적이 없었다고 한다.

그는 평소 등청한 후 막료들이 나오면 간단한 안주에 술 한 잔씩을 내리고는 "내가 어제 한 일 가운데 무슨 허물이 없었는가?"고 물었고, 막료들이 "없었습니다."라고 대답하면 정색을 하고 "세 사람이 길을 가는 데도 반드시 내 스승이 있다고 공자(孔子)는 말씀하셨는데 그대들 10여 명이 의견이 어떻게 나와 똑같을 수 있는가? 그대들은 말하라. 옳다면 좇을 것이요, 그르다면 서로 논란을 하게 될 것이니 이로 인해 깨우치는 바 있을 것이다."

이와 같이 매일 묻기를 거듭하니 막료들은 서로 의논, 의견을 제시하게 되었다. 오늘에 사는 우리가 귀담아 둘 귀감이 아닌가 싶다. 우리의 공직사회에서 쉽지 않은 일이기 때문이다.

퇴계 이황(李滉)의 가르침이 떠오른다. 퇴계는 공직에서 물러난 뒤에도 행여 허물이 잡힐까 언행을 살폈다. 성균관에서 수학하던 손자에게 이렇게 가르쳤다. "누가 나를 욕하거나 헐뜯더라도 변명하거나 다투지 말라. 입을 꼭 다물고 응수하거나 타협하지도 말라." 이것은 성경의 "그러므로 너희는 변명할 것을 미리 연구치 않기로 결심하라."는 교훈과 같다.

우리나라 일천 원 지폐에 초상이 실려 있는 퇴계는 경상북도 안동에 도산서원(陶山書院)을 창설, 후진 양성과 학문 연구에 힘쓴 한국이 낳은 세계적 유학자요 사상가다. 16세기 중반에 한국 성리학(性理學)의 특징인 심성론(心性論)을 높은 수준으로 끌어올리고 수양론(修養論)의 실천방법을 정밀하게 규명함으로써 조선시대 성리학의 기본 틀을 정립하는데 결정적 역할을 한 것으로 평가받는데 “무릇 사람들이 사사로운 뜻이 생기는 것은 사려(思慮)가 없기 때문이요, 일상생활에서 언동(言動)에 보편타당성이 있으면 잘못이 없다.”고 했다. 그러면서 퇴계는 “심신(心身)을 함부로 굴리지 말고 제 잘난 체하지 말고, 말을 함부로 하지 말라. 사람들이 질문을 하면 비록 하찮은 일이라도 잘 생각하였다가 답하고 아무 생각 없이 곧장 대답하여서는 안 된다.”고 했다.

세상에서 쉬운 일이 하나도 없다. 그 중에 말(言) 잘하기는 정말 어렵다. “말 한마디에 천 냥 빚도 갚는다”는 고사(故事)도 있지 않은가. 정말 말을 잘할 수 있는 비결을 습득하는 것이 필요한데 그것은 기술이 아니라 성품이다. 곧 수양(修養)이 아닐까?

지금 우리에게 가장 중요한 것은 ‘인간 존중’이다. 사람이 있음으로 해서 세상이 움직여지니 그 능력이 기둥인 사람을 높이 받드는, 다시 말하면 인간을 존중하는 것은 인본주의(人本主義)이며 인간사의 지고(至高)이자 지선(至善)이지 않은가.

‘상선약수’, 월악 한지의 ‘중론 존중’. 퇴계 이황의 ‘수양론’의 뒤안길에는 '인간'을 그 바탕으로 삼고 있으며 천하의 일은 한 사람이 할 수 없어 다시 한 번 새겨보았다.

우리의 옛시조 한 수를 옮겨본다. 물(水)과 말(言)과 수양(修養)이 다 들어있다.

청산견아무어거(靑山見我無語居)
창공시오무애생(蒼空視吾無埃生)
탐욕이탈노포기(貪慾離脫努抛棄)
수여풍거귀천명(水如風居歸天命)

청산은 나를 보고 말없이 살라 하네
창공은 나를 보고 티 없이 살라 하네
탐욕도 벗어놓고 미움도 벗어놓고
물같이 바람같이 살다 가라 하네

아카시아꽃

5월은 방향록초(芳香綠草)라, 나무가 우거지고 녹음이 지는 1년 중 가장 아름다운 계절이다. 날씨도 따뜻해 들에도 산에도 꽃이 만발하니 많은 사람이 산에 오른다. 5월의 산에선 싱그러운 풀내음에 마음마저 취한다.

내가 사는 뒷산에 봉산(峰山)과 앵봉산이 있다. 서울 은평구 수색 쪽에서 증산·신사·구산동에 걸치는 산이 봉산이고 북쪽 구파발 쪽으로 솟아오른 산이 앵봉산, 바로 서오릉 뒷산이다. 서울의 서벽 구실을 하는 봉산은 은평구가 관리하는 자연공원으로 산책길 같은 등산로도 잘 다듬어져 있고 드문드문 체육시설도 말끔하게 마련되어 있다. 산 높이는 그리 높지 않으나 골짜기로 들어가면 나무가 빽빽한데다 숲이 깊어 한낮에도 찬기가 드는 으슥한 데가 많다.

서오릉(西五陵)으로 가는 길은 6차선으로 뻥 뚫려져 있는데 왼쪽에 수국사(守國寺)가 있어 이곳을 중심으로 해마다 정월 초하루엔 구산동사무소 주최로 해돋이 잔치도 열어 나라의 풍운(豊運)을 기원한다. 새절이라 불리는 신사동(新寺洞)이 있는 것을 보면 옛날엔 이곳에 절이 여럿 있었는가보다. 지하철 6호선 역 이름에 '새절'도 있을 정도다.

5월도 중순에 접어들면 아카시아꽃 향기가 진동한다. 신사동을 중심으로 봉산은 한참 자란 아카시아 군락지대다. 하늘을 찾기가 어려울 정도로 빽빽한 아카시아숲은 꽃을 피우고 향기를 뿜어낸다. 향기는 동네 어귀까지 근 1km 족히 걸친다. 그 그윽하고 진한 감미로운 맛을 한참 맡다 보면 몽롱해진다. 속성수(速成樹)라 그리 환영 못받는 나무이긴 하지만 향기는 시쳇말로 기똥차다.

산은 그마다 나름대로의 멋을 지니고 있다. 특색이 있다는 것이다. 수국사 골짜기에서 나오는 맑고 시원한 물을 한 잔 마시고 산길을 따라 올라가면 소나무와 아카시아숲에 들어선다. 이끼 가득한 오랜 나무에선 숨소리가 들려오는 듯하다.

나는 자주는 아니지만 봉산으로 올라서 앵봉산을 횡단한다. 그리고는 수국사로 돌아와 경내를 한 바퀴 돌고 하산한다.

수국사는 세조(世祖)의 명에 의하여 1459년 창건된 조선왕조의 원찰로 잘 알려진 절이며 1900년 근대 한국불교의 고승(高僧)이자 청년 교육자이신 월초선사가 고종(高宗) 임금의 시주를 받아 중건 하였고, 현재 수국사 경내에는 청기와를 올린 외9포, 내15포 108평 규모의 전통 목조법당이 13년 만에 완공되어 그 웅장한 모습을 자랑하고 있다.

'한국의 황금사원'이라고 불리는 수국사의 법당은 안팎에 모두 순금인 지금(地金)을 입혀서 아침 · 저녁의 햇살이 비칠 때마다 눈부신 빛을 발하여 찾는 이들을 황홀케 한다. 어리석음을 깨달은 지혜의 빛을 상징하기 위해 금을 사용한 태국의 황금사원 그리고 일본 교토의 금각사(金閣寺)와 견주는 수국사 황금법당은 불경(佛經)에서 전해지고 있는 칠보로 장식하여 장엄한 극락세계의 모습을 그대로 표현한 것이라 한다.

특히 산은 전날 밤 비가 내려 촉촉이 젖은 새벽이 더 좋다. 맑게 개인데다 아침 햇살을 받으며 반짝반짝 빛나는 풀잎이나 나뭇잎의 물방울은 초롱초롱 신비스럽다. 거기에다 아침 공기는 시원하고 달다. 폐를 찌르는 공기는 폐가 열 개라도 있었으면 할 지경이다. 흠뻑 담아 갖고 가고 싶어서이다.

오늘도 산에는 남녀노소 할 것 없이 많은 사람이 올랐다. 일요일이나 휴일엔 주부들이 떼 지어 온다. 속보로 걷는 사람, 뛰면서 숨이 차하는 사람, 야호를 소리치거나 손뼉을 치면서 걷는 사람, 자전거를 타고 오르는 젊은이들도 있다. 운동시설은 차례를 기다려야 할 정도로 붐빈다.

산속을 걷다 보면 갖가지 새들이 저마다의 소리를 자랑하며 지저귀고, 다람쥐가 어느새 왔다 달아나는지 사람을 쳐다보고는 나무 위로 쏜살같이 올라간다. 숲속에선 푸드덕 소리가 나고 갑자기 꿩이 날아간다. 딱따구리는 딸각 딸각 나무에 붙어 쪼아대고 까치들은 나무 위에 지은 집에서 어린 새끼를 돌보다 나와서는 암·수놈이 번갈아 가며 주위를 맴돈다. 신기한 것은 까치들은 지은 까치집의 나뭇가지를 밑으로부터 하나씩 하나씩 골라 바꿔버리는 것이다. 까치집 나무 밑 둘레를 보면 떨어뜨린 가지들이 수북하다.

봉산의 고양시 덕양구 항동 쪽에는 신향약수터가 있다. 왜 신향(新香)이라 이름 지었는지 모르겠으나 물맛이 기막히다. 아무리 가물어도 물은 나온다. 그 물 한 잔을 마시고 마련된 철봉, 평행봉, 몸통 돌리기, 물구나무서기 등을 하고는 다시 등성이로 올라간다.

산을 오르면서 가장 기쁜 순간은 등성이에 올라서 숨을 고르며 아래를 바라보는 때일 것이다. 어느새 이만큼 올랐구나 하는 대견함, 뒤를 따르는 사람들을 보며 느끼는 성취감, 조금만 더 가면 정상에 닿는다는 자신감, 멈춰서는 여유가 있어서 느끼게 되는 즐거움이라 누가 얘기했다.

꽃은 필 때는 황홀하고 아름답지만, 지는 때는 살신성인(殺身成仁)이다. 흙으로 돌아가 거름이 되어 자기를 피워줬던 나무를 키운다. 자연의 순리이긴 하지만 좀 더 오래 피워주었으면 하는 심정이다.

어렸을 적 우리는 아카시아꽃을 잘도 따먹었다. 초롱초롱 달린 흰 꽃송이를 조금 덜 피었거나 막 피었을 때 따 입에 넣으면 달짝지근한 맛이 감돈다. 지금도 나는 뒷산에서 꽃을 따 한줌씩 입에 넣고 맛을 즐긴다. 산속에서 핀 것이니 깨끗하고 맛이 있어 좋다.

다른 꽃들도 마찬가지지만 아카시아꽃도 오래 못 간다. 아카시아꽃이 질 때면 바닥이 꽃잎으로 하얗다. 마치 눈이 온 것 같다. 그 꽃잎을 밟으며 걷는다는 건 비단 위를 걷는 기분이다. 한 발 두 발 걸으면서 뒤를 보면 발자국이 새겨진다. 그 발자국은 바람에 날리어 곧 지워지기도 하지만, 그러면 나는 고향에서의 아카시아 길을 떠올린다. 그리곤 "세월이 가기는 흐르는 물결 같고요, 사람이 늙기는 스치는 바람같구나"라는 옛 노래 가락을 떠 올리고, 이젠 나이 드니 고향에 돌아갈 수 없음을 한숨지으며 두보(杜甫)의 시(詩) 한 수를 소리 없이 읊어본다.

강벽조유백(江碧鳥逾白)
산청화욕연(山青花欲燃)
금춘간우과(今春看又過)
하일시귀년(何日是歸年)

강이 푸르니 새는 더욱 희고
산은 푸르러 꽃은 불타버리려는 듯
이 봄은 또 가버리니
어느 날이 돌아갈 해인고

덩굴장미

초등학교 긴 울타리에 한창 진홍빛 덩굴장미가 줄 지어 폈다. 동네 원교수집 담장에도, 그 옆집 담장에도 핏빛같은 홍장미가 축 늘어져 덩굴장미가 피어 있다.

지금은 이 덩굴장미가 우리 집 뒷산 올라가는데도 군락을 이룬다. 이른 아침 울타리를 따라 산책하는 나는 장미 한 송이를 따려다가 도리어 손을 찔리고 피를 흘린 때도 있다.

올 해는 비가 덜 내리니 장미꽃은 더욱 진하고 요염하다. 한때 대서양을 주름잡던 영국의 국화인 장미는 관상용으로 세계 각지에서 널리 심어지고 수출까지 한다.

덩굴장미는 쌍떡잎식물로 장미목 장미과의 덩굴성 활엽관목, 덩굴찔레, 영실(營實), 덩굴인가목이라고도 하는데 길이는 5m정도로 전체에 가시가 돋아 있다. 덩굴장미의 포인트는 뭐니 뭐니 해도 늘어진 가지에 있다.

이런 이야기가 있다. 귀족 신분의 향수(香水) 장수가 있었는데 그는 무척 인색해 자기 가족들에게도 쓰지 못하게 했다. 돈이 많았으며 그가 가진 귀족의 명예도 돈으로 산 것이었다. 이 사람에겐 로사라는 예쁜 딸이 있었는데 로사는 착하고 불쌍한 사람을 잘 돌 봐 주었다. 로사는 자기 집 꽃밭에서 일하는 바틀레이라는 청년을 사랑했는데, 바틀레이는 아침마다 꽃밭으로 향수를 따라가서는 가장 좋은 향수로만 한 방울씩 몰래 로사에게 갖다 주곤 했다. 몇 해를 계속하자 로사의 향수 단지는 바틀레이가 준 향수로 가득찼다. 때 마침 이웃 나라와 싸움이 벌어져 바틀레이도 종군해야 했다. 로사는 바틀레이 대신 밭에 나가 일하고 바틀레이를 위해 가장 좋은 향수를 한 방울씩 간직했다. 전쟁은 끝났으나 바틀레이는 전사했고 그의 친구가 유해가 든 작은 상자를 전했다. 로사의 슬픔은 참을 수가 없었고, 그녀는 그의 유해에 그 동안 모았던 향수를 뿌리며 울었다. 아버지는 값비싼 향수를 낭비하는 딸을 보고 홧김에 향수에 불을 질렀다. 로사도 함께 타서 죽고 말았다. 장미꽃은 로사가 타 죽은 곳에서 돋아난 풀이라는 기막힌 사연이 있다.

내가 다닌 초등학교는 북쪽의 아주 작은 시골 학교였다. 집에서 학교까지는 시골길로 10리(약 4㎞)이고, 기차역에서는 15리 그러니까 6㎞가 넘는다. 그래도 그곳에는 순사(지금의 경찰) 주재소는 있었고 장미나무로 주재소를 둘러 싼 담장은 가시철망 역할을 했다. 두문 산골이지만 교육열은 강했던지 그 때의 경성(지금의 서울) 또는 일본에 있는 대학의 사각모 유학생들이 꽤나 있었다. 조금은 부촌이었나 보다.

학교는 길가에 있었고 교문 앞에는 시내가 흐르고 담장에는 5월말부터 6월초까지는 장미꽃이 흐드러지게 피었다. 이것이 덩굴장미 아니었나 생각되어진다.

우리는 그 장미덩굴을 의례 있는 것으로 생각했고 나는 쉬는 시간이면 잽싸게 담장으로 가 장미 한 송이를 따서 몰래 우리 반의 내가 좋아했던 여자 아이에게 그것도 직접 주지 못하고 공책사이에 끼어 주던 생각이 난다. 그 때의 그 행실은 어린 마음의 순수였을 것이다. 절로 웃음이 난다.

장미는 활짝 피었을 때보다 꽃봉오리가 맺혔을 때 더욱 예쁘다. 그래서 사랑하는 사이, 웃어른의 생일 등에 장미 한 다발을 선사하지 않는가.

남에게 장미꽃을 주는 손에는 언제나 여향(餘香)이 있으리라 했다.

소설가 최인훈 선생은 작품 「회색인(灰色人)」에서 장미꽃을 빼고서 서양문학을 말하는 것은 달을 빼고 이태백이를 논하는 것과 같다 했다. 얼마나 운치 있는 말인가.

선인장의 향기

한 알의 앵속(양귀비) 속에도「세계」가 있다. 언젠가 어디선가 읽은 적이 있어 기억하고 있는 말이다. 이것은 아주 하찮게 보이는 자그마한 사물(事物) 속에도 큰 것이 숨겨져 있다는 의미일 것이다.

우선 사막(砂漠)을 상상해 보자. 어떤 사막이라도 좋다. 영화 속에서 상대와 대결하는 '신'에서 허리에 찬 권총을 만지작거리며 말을 달리는 '코로라도' 계곡이나, 벌거숭이 바위와 바위의 사이에 내린 눈이 멀리까지 눈부시는 '아리조나' 고원이라도 좋다. 남미 페루와 볼리비아의 국경(國境), 하늘을 두 개로 나눌 듯이 높이 솟은 '안데스'의 경사진 아찔한 산봉우리라도 좋다. 사람의 그림자가 없는 황량한 사막, 보이는 한, 높이 찌르는 창공, 따가운 돌과 바싹 마른 모래만의 세계, 여기에 기묘한 한그루의 식물이 자라고 있다.

이상하다. 나무통 같은 동체(胴体), 강한 색체로 태양 빛을 확 받아 고슴도치 같은 가시, 해를 향해서만 피는 장미색의 진붉은 현란한 꽃,

노란꽃, 그리고 순백의 흰 꽃, 이것이 「Cactus」, 즉 선인장이다. 일컬어 백년초(百年草)라고도 한다.

약 5년 전 어떤 모임이 경기도 일산에 있는 경기도 농업진흥원 선인장 연구소를 찾았을 때 해설자가 들려준 선인장에 관한 이야기다. 20여 년 역사의 그 넓은 수십 동의 하우스엔 수십 아니 수백 가지의 선인장류가 키워지고 연구되고 있었다. 보통 식물과 같은 목엽선인장, 기둥선인장, 꽃이 크기로 유명한 야미인주(夜美人株), 단선선인장(손바닥 같이 생김) 등 물도 잘 안 주고 메마른 곳에서도 잘 자라는 이 꽃, 그 날 연구소 측은 구경 온 모든 분들에게 몸통도 붉고 꽃도 빨간 앙증맞은 선인장 두 개씩을 선물로 나누어 준다. 키워 보라는 것일 것이다.

메마른 사막에서 자라나는 선인장은 이파리를 가시로 만들었다. 인간도 마찬가지가 아닐까? 메마른 사회에서는 누구나 윤택한 잎을 상실하고 그 대신 날카로운 가시를 지닌다. 선인장은 자기 생의 근원을 외부에서는 찾을 길이 없어 자신의 내부에 양분과 그 수분을 간직해 두지 않으면 안 된다.

그래서 이파리는 가시가 되고 나무줄기는 둥글게 부풀어 올랐다. 생명의 수액(樹液)을 외부에 빼앗기지 않기 위해 선인장은 반항하는 몸짓으로 붉은 지평을 향해 서 있다 한다. 비정, 고립, 강인 등등 이것이 선인장의 생리이다. 크낙한 갈증을 품고 밖으로는 살벌한 가시를 내뻗고 있는 선인장엔 무엇인가 저주의 표정과 분노에 찬 독기가 있어 보이기도 한다.

그러면서도 선인장의 꽃이 피어 있는 시간은 지극히 짧다. 서너 시간 필까? 꽃이 피는 첫 해에는 저녁 때 피기 시작하는 꽃을 보고 내일이면 만개가 되려니 하고 그것을 기다리면서 자고 이튿날 아침에 보니 꽃은 벌써 져서 힘없이 늘어졌다. 이듬해에 나는 그 꽃을 처음으로 보았다. 심창(深窓)에 자란 처녀! 이렇게 밖에는 형용할 수 없는 우아한 꽃이 있었다. 「김동인의 동인전집」 수상(隨想)에 나오는 글이다. 그렇다. 우리 집엔 두 그루의 봉관환(鳳冠丸)이 있는데 겨우내 창가에서 키운다. 이것이 초여름에 피는데 순백의 꽃망울이 트일 때면 관악기 트럼펫(Trumpet)과 같이 길게 뻗은 모양의 나팔부분의 꽃잎에서 피우는 그 향기가 온 집안을 진동시킨다. 사람의 코가 마비될 정도이다. 헌데 앞에서 말했듯이 하루가 가지 못하고 축 늘어지니 안타깝다.

일본작가 류단지 유(龍膽寺 雄)씨는 "선인장(일본어 샤보텐)을 즐기다"에서 '인간의 정신 속에는 현실적인 면과 로맨틱한 면이 있다' 했다. 우리들의 생활 주변에서 실제로 움직이고 있는 여러 가지 일들, 이것이 현실이고 이런 생활의 현실이란 어지간히 호되다. 빌린 돈은 갚지 않으면 안 되고 먹지 않으면 배가 고프고, 겨울은 춥고 여름은 너무 더우며, 좋은 사람은 적으며, 좋은 일보다 나쁜 일이 더 많다. 그러나 어쩌랴, 이런 속에서 인간은 살고 있지 않으면 안 된다. 이러한 마음가짐에는 로맨티시즘이라는 정신이 발생한다. 과거의 많은 위대한 예술의 태반은 로맨티시즘의 정신에서 탄생했고 현대의 눈부신 과학문화도 이 정신에서 생겨나지 않았을까?

하늘에는 구름 한 점 없고, 땅에는 가로 막는 것이 없는 황량한 사막에서 경탄스러운 기교한 변신으로 진화한 선인장의 신비! 선인장과 이것을 둘러 싼 자연의 비밀에 새로운 과학의 메스를 가해 봄직하다.

신세기의 식물 선인장, 그 원산지는 사막이다. 우리들은 인생의 막역한 친우들과 부디 몇 그루의 선인장을 길러보기를 권한다. 그러면 신비의 세계를 알게 되고 그 꽃의 그윽한 향기에 도취하게 될 것이다.

물과 함께하는 풍요로운 세상

물 없이는 단 하루도 살 수 없는 우리의 삶, 푸른 자연과 맑은 물이 어우러진 행복한 세상, 모두가 함께 웃는 것이 진정한 행복이라면 물의 나눔을 통해 사랑을 주고 받는 것은 가장 큰 행복이 아닐까? 그것은 풍요로운 세상이다.

사막에서는 물을 생명수 즉 '오아시스(Oasis)'라고 부른다. 사막 가운데 샘이 솟아오르고 식물이 자라는 곳 천지(泉池)로 인생의 위안이 되는 장소다.

생명의 근원이 되는 물, 좋은 물을 마시는 것이 건강의 기본이다. 우리 인체는 70%가 물로 이루어져 있다. 우리가 생명을 유지하기 위해서는 매일 2ℓ 가량의 물을 섭취해야 하며 체내의 물이 5%만 부족해도 우리 몸은 탈수상태에 빠지고 12% 이상 모자라면 생명을 잃게 된다. 이처럼 물이란 사람이 생명을 유지하는데 없어서는 안 될 필수 요소이지만 흔하다는 이유로 학대받거나 헤프게 쓰는 경우가 주변에서 많이 일어나고 있어 안타깝다.

지구 위에 있는 물은 97%가 바다의 소금물이고 그 중의 2% 이상이 얼음과 눈으로 덮여있으며, 실제로 우리가 마실 수 있는 물은 0.009%밖에 안 된다 하니 앞으로 물 부족으로 물 전쟁이 일어날지도 모른다는 것이 전문가들의 예견이다.

강을 움직이고 지배해 온 민족이 세계를 이끌어 왔다. 인류 4대 문명의 발생지가 강으로부터 시작되었듯이 현대의 새로운 문명 또한 강을 중심으로 펼쳐지고 있다. 미국 테네스강은 1930년대 대공황시 미국이 경기회복을 이룰 수 있었던 대표적인 "뉴딜 프로젝트"였으며, 물 부족 · 홍수문제를 근본적으로 해결한 일본 아라강, 슈퍼(Super) 제방 건설을 통해 물 부족 · 홍수 피해 문제를 근본적으로 해결하고 다양한 휴식처를 제공하는 문화하천 독일 '아자르강'은 30m에 불과한 하천(河川)의 폭을 150m로 복원하여 유입수량이 풍부해져 자연형 강이 됐다.

우리나라의 생태계를 살리고 깨끗한 물을 확보하는 4대강 사업의 주요 목적 중의 하나는 바로 수자원 확보이다. 향후 10년 내에 물 값이 원유 값만큼 상승할 것이라는 우려가 나오고 있는 시점에서 우리는 과연 이미 개발된 수자원을 효율적으로 활용하고 있는지 살펴볼 필요가 있다.

‘아리수’란 크다는 우리말에 물 수(水)를 결합한 합성어로 고구려 때 한강을 지칭한 말이라 하고, 한편으로 고대국가의 도읍지의 강(江)을 일컫는 명칭으로 현재의 한국의 입장이라면 수도인 서울을 흐르는 한강이다.

서울시는 한강의 물을 아리수라 명명하고 깨끗한 물, 맛있는 물, 건강한 물을 공급하기 위해 서울의 6개 정수센터에서 한강 물을 취수하여 과학적인 정수처리를 거쳐 각 가정에 공급하고 있다.

물은 자연의 법칙을 꼭 지킨다. 그래서 물이 흐르는 원칙에 의하여 사회규범을 확립하자는 것이 법의 정신이기도 하다. 물은 깊은 산골짜기에서 태동하여 아래로 내려온다. 이 물줄기는 내려오면서 여러 갈래의 물줄기와 합해지고 주위의 나무, 풀 그리고 모든 생명체를 보양(保養)하고 쉬지 않고 새소리, 바람소리, 짐승소리를 들으며 멈추지 않고 흘러 큰 강을 이루고 바다로 들어간다.

이 세상에 물보다 더 무르고 겸손한 것은 없다. 그러나 딱딱한 것, 흉포한 것 위에 떨어질 때 물보다 더 센 것은 없다. 약한 것은 강한 것을 이긴다. 실제로 포항제철의 용광로에서 막 흘러나온 시뻘건 쇠레일도 물이 자른다. 초고속 수압, 즉 물의 힘이다.

샘물 · 냇물 · 강물 등 모든 물들은 바다를 향해 흘러간다. 우리의 혈류를 정상적으로 돌리는 생동하는 에너지, 물처럼 자연법칙을 준엄하게 지키며 자유하면서 서로 만나서 물소리로 합창하면서 도도하게 흘러가는 저 웅대한 물결들. 우리 인생들도 영생을 향해 길을 가고 있듯이, 물은 사람을 평화스럽게 하고 순수하게도 하며, 사람의 기혈(氣血)을 맑게도 한다. 그래서 우리는 물을 좋아하는가 보다. 헤르만 헤세는 물에서 배워라! …물은 생명의 소리, 존재하는 것의 소리, 영원히 생성하는 것의 소리라 했다. "시부모는 멀리 있는 것이 좋고, 물은 가까이 있는 것이 좋다." 몽골의 격언이다.

'온 땅이 마침내 동산과 같은 낙원 상태가 될 것이다. 광야의 메마른 땅이 기뻐하며 황무지에도 꽃이 필 것이다. 광야에서 물이 솟구치고 사막에도 시내가 흐를 것이며 뜨거운 모래밭이 못이 되고 메마른 땅에 샘물이 솟을 것이다.' 성서의 한 구절이다.

국제법상(國際法上)으로 본 독도(獨島)의 귀속(歸屬)

-이 論文은 1955年 延世大學校(구 延禧大學校) 政法學會 發行『和白』創刊號 掲載

法學科 三年 金麗成

1. 서론

극동의 평화와 안전을 위하여 한일관계를 조정하려는 우리의 우호적 기도에도 불구하고 최근 일본은「독도」의 영유문제를 둘러싸고 우리 정부에 도전해 왔다.

생각건대 1948년 8월 15일 대한민국은 UN의 승인하에 독립하였으므로 소위 한일합병 이전의 영토는 일본이 무조건항복에 따르는 영토권상실의 원인인「할양」에 기하여 일본에서 분리반환되었으니 독도도 당연히 우리의 영토로 되었고 연합군사령부에서도 한국의 영토임을 인정(주 : 1945년 9월 8일 일본국의 무조건항복조인서)하고 동년 6월 8일에 발생한「독도조난사건(獨島遭難事件)」에 대하여 남조선과도정부에 진사(陳謝)와 배상금 전달이 있었고 그 2주년 기념일에는 폭탄에 순사한 울릉도 어민을 위하여 위령비(慰靈碑)와 한국어민의 울릉비(鬱陵碑)를 세웠으며 또 한국산악회에서는 수차 학술단을 파견조사케 하였다.

그런데 1952년 4월 28일 연합국의 대일 강화조약이 발효한 이후 일본 관헌은 독도에 있는 한국의 영토 표석을 철거하고 「도근현 은기군 오개촌 죽도(島根縣 隱岐郡 五個村 竹島)」라는 표목을 세웠으므로 한국의 관헌은 그것을 철거하고 다시 아국의 표석을 세웠으며 이렇게 하여 독도에는 쌍방의 표석 또는 표목이 수차에 걸쳐 바뀌어졌고 한국해군 및 해양경찰대와 일본해상보안청은 번차례로 순시선을 파견하고 자못 일촉즉발의 위기에서 양국정부는 주일대표부를 통하여 엄중한 항의를 주고받았다. 이것이 한일회담에 감하여 일본이 오만과 무근한 폭언으로서 3차 회담까지 정돈상태(停頓狀態)에 빠지게 한 때이니 시세에 즉응하는 우리 국민의 시청각은 예민일로(銳敏一路)에서 과연 그 귀속(歸屬)을 주장, 실증하려 애썼다.

그때 일본의 신문은 갑자기 죽도(竹島)가 일본영토로 명시된 고지도가 발견되었다고 선전했다. 일본 최고의 정밀지도(精密地圖)라고 하는 1779년 찬기자방언(讚岐紫邦彦)의 「신판일본여지정로전도(新判日本輿地程路全圖)」이니 1836년의 동도서림(東都書林) 발행 「대일본해륙행정도감(大日本海陸行程圖鑑)」이니 하는 것에는 죽도(竹島)가 일본영토로 명시되어 있다고 하는데 그런가 하면 또 다른 일본신문에는 1785년 당시의 권위 있는 학자 임자평(林子平)의 서명이 있는 「조선팔도지도(朝鮮八道之圖)」와 동년 「삼국통람여지로정전도(三國通覽輿地路程全圖)」에 있는 죽도(竹島)가 회색으로서 한국영토로 색별되어 있다고 하여 스스로 반증하는 기사도 있었다.

독도가 어느 나라 영토인가 하는 것은 물론 먼저 역사적 사실에 의거하여야 할 것이고 그 사증(史證)은 문헌을 논증의 대상으로 할 수

밖에 없다. 그러나 독도가 어느 쪽 영토인가 하는 것 그 자체는 국제법상의 문제이므로 역사적 사실을 국제법에 비추어 고찰, 판단함이 타당하리라 생각한다.

2. 선점이론(先占理論)

국제법은 그 성질상 영토의 취득을 그 영토상에 주권을 행사하는 지위를 획득하는 것이라 하고 국제법의 주체인 국가는 원칙적으로 적법적원인(適法的原因) 방법에 의하여 그 영토를 확장할 수 있는 능력을 가지고 실제적으로 실력이 행사되는 통치구역내의 토지에 대해서는 당연 국제법상의 영토권이 부여된다.

국가가 영토를 취득하는 원인(방법)으로서는 할양(割讓, Cession), 선점(先占, Occupation), 첨부(添附, Accretion), 정복(征服, Subjugation), 시효(時效, prescription) 등 다섯 방법을 인정함이 근시(近時)의 통설이고, 할양은 신권리자의 권리는 전권리자의 권원(權原, Inchoate title)에서 직접 전래(승계)되므로 전래적취득(승계적취득)이라고 하며 신권리자의 권리가 타의 인격권의 권원에서 전래하는 일없이 자기의 행위로 인해서 취득하는 선점, 첨부, 정복, 시효 등은 원시적취득(原始的取得)이라 한다. 위의 오형식중(五形式中) 독도의 영유에 관하여서는 일본이 선점의 이론을 주장하고 있으니 이에 선점을 약간 개설하려고 한다.

선점은 국가가 무주(無主)의 토지를 타국에 앞서서 통치의사를 가지고 점유함에 의하여 영토로서 취득하는 것이다. 다시 말하면 아직 어느 국가의 영토에도 소속되지 않은 지역을 자기의 영토로 하는 국가의 행위이다. 선점의 주체는 국가이고 객체는 무주의 토지이다. 금일 지구상의 육지는 중세기말 이래 구라파 제국의 해양기술의 발달과 함께 세계탐험과 그에 따르는 신대륙의 발견으로 인하여 많은 무주지가 피점되거나 또는 그것이 미합중국 및 중남미제국과 같이 독립하였으므로 지구상의 육지는 다 어느 국가에 소속되어 있으니 선점의 객체로서의 무주지는 거의 없어졌다. 선점은 바로 근대이래 구주인(歐州人)이 세계 도처에 발전하여 미대륙(美大陸), 아불이가,(阿弗利加), 인도(印度), 동남아(東南亞)에서 서로 영토를 쟁탈 취득한 역사에서 발달한 이론이고 그 이론을 성립토대로 한 것이 근대사회의 국제법인 것이다. 그러므로 국제법은 국제사회를 조직하는 국가가 승인 전에 여하히 그 영토를 취득하였는가는 묻지 않고 그것은 순전히 역사적사실에 미루며 다만 이미 국제사회의 구성원인 국가가 어떤 방법으로서 영토를 취득하고 상실하는 가를 규정할 따름이다.

선점의 주체는 국가이므로 선점은 국가기관의 행위라야 한다. 이것은 사인(私人) 또는 특허회사(特許會社)의 점유는 선점이 아니라는 의미이다. 즉 사법상(私法上)의 점유와는 구별되는 개념이며 설사 그것이 선점에 필요한 실제적행위를 했을지라도 국가의 위임이나 추인이 없으면 국제법상 유효적선점이 성립되지 않는다. 물론 국가사격이 국제법상의 주체가 될 본질적 표준이 아니매 과거 전통적국제법에서 법인격을 갖는 초기의 대특허회사(大特許會社), 각종 「반독립적(半獨立的)」인 정치적실체인 화란동인도회사(和蘭東印度會社) 및 영국동인도회사(英國東印度會社)는 그 본국만의 권리인 화전권(和戰權)과 조약체결권(條約締結權)을 가짐으로써 국제적 지위를 인정 받았으며 국제연

맹규약(國際聯盟規約) 제 1조에 의하면 식민지 기타의 정치적 종속체(從屬體)도 「완전한 자치능력」을 보유할 때에는 국제연맹의 구성원이 될 수 있다고 하는 설도 있었다(주 : Philip C. Jessup 현대국제법(現代國際法) pp.28~29).

선점의 객체는 국제법상 어느 국가에도 소속되어 있지 않는 무주의 토지라야 한다. 무주의 토지란 무인도는 물론 인류가 정주하고 있는 토지라도 그들이 미개하여 국가를 형성하고 있지 못하는 족속들이면 선점의 대상이 될 수 있다는 의미이다. 전에 어떤 국가가 영토권을 가졌던 토지라도 일단 영토권국이 포기한 토지라면 타국은 무주지로서 간주하여 선점할 수 있다. 공해는 국가영역이 될 수 없으므로 선점의 대상도 될 수 없으며 공해에 있는 암(岩)과 사주(砂洲)도 마찬가지다. 공해상의 암석 위에 등대를 설치할 수 있는데 그것이 영토취득의 요건인가에 관해서는 근시(近時) 인정하는 학설도 있다(주 : 일본 현대법학전집(現代法學全集) 제17권 평시국제공법(平時國際公法) p.214). 또 공해의 해상도 선점의 대상이 될 수 없으나 해상의 지하는 해안과 대륙붕내에서 광물을 채굴하고 터널을 축조함으로써 선점의 대상으로 인정된다. 1909년 "피아리" 제독(Admiral Peary)이 북극에 도달하여 미국기를 게양한 사건이래 남북의 양극이 선점의 대상이 되느냐 안되느냐에 관하여서는 학자들 사이에 논의가 많았고 20세기에 들어와서는 영국, 소련, 낙위(諾威) 등 제국이 극지 또는 장래 발견할 토지나 도서에 주권을 주장한다는 법령을 발포하였으나 그런 것은 국제법상 문제될 바가 아니다. 그것은 18세기 이후 유효적 선점의 원칙이 국제법규로서 확립되고 19세기 이후 그것이 관행되었으며 유효적 점유가 아니면 취득이 되지 못하는 금일에 있어서 발견은 불완전한 권원이기 때문이다.

선점의 범위에 관하여도 이론(異論)이 있다. 전에는 실제로 점유한 것보다 더 넓은 지역을 요구하는 배후지이론(背後地理論, doctrine of hinterland)(1827년 미영(美英)의 Oregon에 관한 국제분쟁(國際紛爭)과 접속권(接續權, Right of contiguity)이라고 하여서 일정의 토지를 효과적으로 점유하면 현실로 점유한 토지의 보전과 안전방위에 필요한 한도에서 근접한 지역에도 주권이 미친다고 주장하는 것이 있으며(1933년 동부 Greenland에 관한 정말(丁抹)과 낙위간(諾威間)의 분쟁에 대한 국제사법재판소의 판결) 혹은 일도서(一島嶼)의 일부분에 유효적 선점이 행하여졌으면 도서전체에 미친다고 간주한다는 주장, 군도중의 주요한 도서에 유효적 선점이 행하여졌으면 해군도전체(該群島全體)에 미친다고 간주하는 주장 등이 있다.

어떻든 선점의 구역은 실효적 선점의 구역에 한할 것이고 가설적인 선점을 유효하다고 인정하지 않는 것은 국제법상 상술(上述)한 것과 같은 인정적규칙을 개괄적으로 유효하다고 볼 수 없기 때문이다. 요컨대 실효적 선점이 미치는 구역은 각 경우의 사실인정문제에 귀결할 것이고 선점에 제(際)하여 장래의 분쟁을 막기 위해 각국은 선점의 구역을 일괄해서 타국에 통고하는 것이 관례로 되어있다.

선점의 실효적 성립요건으로서 국제법은 영토권취득의 의사와 통치(Administration) 즉 실력의 수립을 들고 이를 구비한 때에만 유효적 선점을 인정한다. 그러므로 발견만으로나 배후지이론, 접속권의 주장으로서는 유효적 점유라고 볼 수 없다. 영토권취득의 의사는 선언의 공포, 국기의 게양 등 형식적행위와 인간의 정주(定住)라는 실재적행위에 의할 것이다. 형식적행위만으로서 인간의 정주가 없으면 의제적(擬制的) 점유(Fictitious Occupation)에 불과하다. 통치는 점유 후 그 토지에 점유국에 의한 어떤 행정이 있는 것을 의미한다. 점유지에 행정을 책임지는 권력이 수립되지 않아서는 유효한 선점을 충족시킬 수가 없다. 그러나 국제법상 선점을 타국에 고지할 필요는 없다. 1885년 Congo에 관한 베를린[伯林] 회의의 의정서(議定書)에 의하여 체약국(締約國)은 장차 아프리카[阿弗利加]의 선점을 상호 통고하기로 규정하였으나 그것은 1919년 7월 St. German조약에 의하여 폐기되었으므로 금일(今日)은 조약상의 의무도 없다(주 : 일본 현대법학전집 제17권 평시국제공법 제2편 제5장 제5절 선점(日本 現代法學全集 第17卷 平時國際公法 第2編 第5章 第5節 先占)).

이상은 영토취득에 관한 국제법의 일반적 이론이며 일반규칙들이다. 상술한 바와 같이 영토의 취득은 역사적 사실에 미루고 있는 것이 현대국제법이며 이미 국제사회의 구성원인 국가의 영토취득을 규정하고 있는 것이 대부분이다. 그러므로 영토의 영유에 관하여서도 먼저 역사적 사실을 고찰함이 긴요할 것이다.

3. 독도(獨島)의 역사적(歷史的) 고증(考證)

한국과 일본간의 해상 북위 37도 14분 18초, 동경 131도 52분 22초 지점 울릉도의 동남방에 놓인 이 소고도(小孤島)는 동서양도와 이에 연하는 약간의 암석으로 구성된 울릉도의 속도(屬島)이다. 암서(岩嶼)로서의 독도는 겨우 수십 종의 잡초가 바위 사이에 자라고 있을

뿐 자연조건이 불량하여 울릉도의 어민이 가끔 막사를 짓고 체재하는 이외에는 정박할 장소도 없다. 미공군이 연습기지로 사용하려고 했던 곳이니 별로 군사적가치도 있다고 할 수 없다. 그러나 이 주변은 해류의 접촉지(接觸地)임으로 해서 어류가 많고 서기 512년 신라 지증왕(智證王) 13년 이래 고려·이조말기까지 약 900년간은 조정에서 관원을 파견하여 울릉도를 조사하고 토산물(土産物)을 헌납(獻納)시켰는데 독도의 토산인 가지어피(可支魚皮, 지금의 해로피(海驢皮))를 헌납한 것이 수토관(搜討官)의 첩보문(牒報文)에 기록되어 있으며 울릉도의 속도로서 취급된 이곳이 해상으로 진출을 꽤하여 오던 우리 민족의 활동무대였음을 알 수 있다. 지금도 이곳에서는 해로(海驢), 해삼(海蔘), 전복, 소라, 다시마 등 어족의 일대 번식처가 되어 있어 상당한 어업상의 이익이 있다.

독도의 명칭에 관하여는 이설(異說)이 구구하나 한국문헌에 나타난 고칭(古稱)은 간산(干山) 또는 우산도(芋山島)와 삼봉도(三峰島)이다. 간산 또는 우산도라는 고칭은 신라시대부터 울릉도를 간산국(干山國)이라고 호칭하였던 것이 그후 전기 섬[島]을 우릉(羽陵), 울릉(鬱陵), 무릉(武陵)이라고 칭하게 되자 현재의 독도를 간산이라고 칭하게 되어서 세종실록 지리지 울진현조(世宗實錄 地理誌 蔚珍縣條)에 「일간산무릉재현정동해중이도상거불원풍일청명칙가망견야(一干山武陵在縣正東海中二島相去不遠風日淸明則可望見也)」라는 기록이 있다. 삼봉도란 고칭은 성종실록 신증동국여지승람 증보문헌비고(成宗實錄 新增東國輿地勝覽 增補文獻備考) 등에서 견지(見地)할 수 있으니 이조초엽부터의 호칭인 듯하며 그것은 이도(二島)로 구성된 독도가 어떤 방향에서는 마치 삼봉(三峰)의 병립(並立)으로 조망(眺望)됨으로써라 한다.

서양의 지도에는 간산도(干山島, 獨島)를 Liancourt Rocks라 되어 있는데 이것은 1849년(헌종 14년) 불란서포경선(佛蘭西捕鯨船) "리앙쿠울"호가 처음 이 섬을 발견하여 명명한 것이고 영해군성해도(英海軍省海圖)에는 Hornet Rock도로 되었으니 이것은 1855년 영국지나함대소속선(英國支那艦隊所屬船) "호으넬" 호가 기명(記名)한 것이라고 한다.

한국에서 이 섬을 독도라고 칭하는 것은 경상도방언(慶尙道方言)에 "돌"(石)을 "독"이라고 하니 그 음이 한자에 전용되어 암도(岩島)를 의미하는 "독섬"에서 유래했다는 설과 해상에 뾰족이 서 있는 것이 "독"(甕)과 같으므로 그 모양에 한자(漢字)를 인용(引用)하여 호칭했다는 설이 있다.

일본은 이 도(島)를 죽도(竹島)라고 칭하는 것은 일본에서는 이전에 황죽(篁竹)의 산지인 울릉도를 죽도라고 하고 독도는 송도(松島)라 칭했다는데 1785년 장구보적수(長久保赤水)의 「일본여지로전도(日本輿地路全圖)」와 1840년의 "지볼트"의 지도가 오제(誤製)되어 죽도라 칭하던 울릉도는 현외국지도상(現外國地圖上)으로 보면 조선연안(朝鮮沿岸)의 허공지(虛空地)에 기재하고 송도(松島, 獨島)라 하던 간산도는 울릉도의 위치에 기재하여 정작 송도(松島)는 표시되지 않았으므로 동해(東海)를 항행(航行)하던 서구인(西歐人)들은 상술(上述)한 바와 같이 독도를 "랭쿠울" 혹은 "호넬"도라고 표시하게 되었다 한다. 그 후 일본은 독도를 죽도라 칭하게 되었다. 이러한 원인이 실지 도서(島嶼)는 두 섬임에도 불구하고 현대의 제외국지도상(諸外國地圖上)

에는 죽도(竹島), 송도(松島), Liancourt도 등 삼도(三島)로 표시케 하여 독도에 대한 외부의 복잡성을 자아내는 것 같다.

독도의 관할을 논하려면 독도는 울릉도의 속도(屬島)로서 관할되어 왔으므로 먼저 울릉도의 관할에 언급할 필요가 있다. 울릉도는 간산국(干山國)으로서 신라 지증왕 13년(512년)에 신라에 귀속하였는데 고려 현종시 동북(東北) 여진(女眞)의 침구(侵寇)를 받아 도민(島民)이 본토에 도래(到來)하여 어느 듯 무인공도(無人空島)로 화(化)하였으며 고려말기와 이조초기에 신왕조(新王朝)에 대한 불평분자, 모반죄인(謀叛罪人), 기타의 유랑민들이 피난지로서 동도(同島)에 이주하였으므로 조정에서는 교통의 불편과 상기 사실로 인한 거민(居民)의 아사(餓死)를 우려하여 태종 17년(1417년)이래 1697년까지 약 280년간 수차 안무사(按撫使)를 파견(派遣)하고 거민(居民)을 쇄환(刷還)케 하여(世宗實錄) 소위 공도정책(空島政策)을 시행하였다. 그러므로 속도(屬島)인 독도에도 공도정책을 시행하였음은 당연지사이며 그것은 성종실록 권19(成宗實錄 卷19)에 성종원년(1470년) 영안도 관찰사 이계손(永安道觀察使 李繼孫)에게 하서(下書)하여 「금실소계기투왕삼봉도도적배국정범심악향도의탐문이계단금풍고해악불가이본도소선경부향공상심시행(今悉所啓其投往三峰島逃賊背國情犯甚惡鄕導宜探聞以啓但今風高海惡不可以本道少船輕赴鄕共詳審施行)」이라 한 것으로 알 수 있다.

이조시대의 상술한 공도정책은 수백년간을 두고 우리 민족의 해상 발전에 기회를 잃게 하였으며 따라서 울릉도(鬱陵島, 獨島 포함)도 거의 이조전기를 통하여 무인도화되어 자연의 생물만이 무성번식(茂盛繁殖)하고 있었다. 이때를 기하여 대마도인(對馬島人)을 비롯한 왜인

(倭人)들은 임진왜란이후 이 보고(寶庫)에 착안(着眼)하고 불법적인 도취(盜取)를 감행하여 왔다. 그들은 자의로 울릉도를 죽도, 독도를 송도라 칭하며 침범을 거듭하매 이때부터 양도(兩島)는 양국간의 분쟁의 대상이 되었다. 증보문헌비고(增補文獻備考)에 의하면 광해군원년(光海君元年)에 왜차선(倭差船) 이척(二隻)이 동래(東萊)에 내도(來到)하여 울릉도의 탐사를 운위(云謂)하므로 조정에서는 동래부사(東萊府使)로 하여금 답서(答書)를 보내게 하여 「자신라이래취고방물체지아조루쇄도민금폐기기가용타인모거호(自新羅以來取考方物逮至我朝屢刷逃民今廢棄豈可容他人冒居呼)」라고 하였다는 기록이 있다. 숙종 19년(1693년)에 이르러서는 이 지역에 출어(出漁)한 동래인(東萊人) 안용복(安龍福) 등이 왜선의 침입을 발견하고 「하고범아경(何故犯我境)」이라 분격(憤激)하고 독도까지 추지(追至)하여 축출(逐出)하였다는 고사(故事)가 있으며 이때 안용복은 전후 4년간에 걸쳐 일본에 왕래하면서 죽도(竹島)가 울릉도(鬱陵島)의 별칭(別稱)임을 논박(論駁)하고 1696년 조선정부에서 일본 덕천관백(德川關白)에게 항의하였던 바 익년(翌年)인 숙종 23년에 일본막부(日本幕府)는 대마도주(對馬島主)를 통하여 정식으로 일본 어민의 출어금지를 시켰다고 통고하여 왔다. 그런 후 일본관백(日本關白)은 1837년 소위 죽도사건(竹島事件)인 울릉도에 밀무역(密貿易)한 자 2명을 처형할 때까지 약 140년간 양국의 국교를 엄수하여 양도(兩島)는 무인도(無人島)로서 우리의 영유(領有)임이 확인되었다. 이러한 때 서양인의 동양탐험이 활발하여져서 1787년 불국함선(佛國艦船)이 울릉도, 독도를 발견하고 조선의 영토임을 피로(披露)하였으니 이 사실에 대한 기사는 미국인으로서 일찍이 동

경제국대학(東京帝國大學)의 교수로 있던 W. C. Giffis가 그의 저서 "Over the hermit nations"에 「조선(朝鮮)을 거(拒)하기 20리그(League)의 곳에 일도(一島)를 발견여 Dogelet, 그 속도(屬島)에 Baussole(軍艦名)의 명(名)을 명(命)한다」라고 전재(轉載)하여 우리의 영토임을 증명했다.

이러한 사실하에 일본 어민들은 1400년간 울릉도(자칭 송도)가 무인도라고 해서 1878년(명치 11년) 하촌(下村)과 제등(齊藤)이란 자 등이 송도개척원(松島開拓願)을 일본외무성에 제출하였던바 외무성은 당시의 양국 학자에 청탁하여 본문제를 연구한 결과 송도(松島)는 "울릉도(鬱陵島)의 속도(屬島)"인 "간산도(干山島)" 임을 판명하였고 그것은 덕천관백(德川關白) 이래 근 200년간 한국영토임을 확인한 후 차개척원(此開拓願)을 각하(却下)시키고 말았다. 이런 사실이 있은 3년 후인 명치유신후(明治維新後) 일본은 다시 울릉도를 침범하여 목재(木材)를 도벌(盜伐)하였으므로 고종 18년(명치 14년, 서기 1881년)에 조정은 일본외무경대보(日本外務卿大輔) 상야경범(上野景範)에게 엄중한 항의를 하였던바 동년 8월 사과(謝過)의 공한(公翰)을 전하여 온 동시에 동도(同島)에서 일본 어민을 철거하였던 것이다. 이 이외에도 독도에 관한 기사는 대한지지(大韓地誌, 光武 10年刊), 조선연안수로지(朝鮮沿岸水路誌, 1933년간) 등에서 찾아볼 수 있다. 전자 권2 제12편 강원도 제3과 해만 도서 203항(前者 卷2 第12篇 江原道 第3課 海灣 島嶼 203頁)에 「연안(沿岸)에 송도(松島) 사도(沙島) 무로도(無路島) 저도(猪島) 죽도(竹島) 등의 군도(群島)가 나열(羅列)ᄒᆞ 개묘소(皆渺少)ᄒᆞᆫ 사적지(沙磧地)오 독울릉도(獨鬱陵島)는 동해(東海)에 재

(在)한 초대도(稍大島)라······」 기록하였고 후자(제3편 조선 동안 죽도조(後者 第3編 朝鮮 東岸 竹島條)에 의하면 명치 37년(1904년) 일본군함「대도(對島)」가 독도를 조사한바 울릉도 어민이 와서 고초(菰草) 소옥(小屋)을 짓고 10여일씩 체재하면서 해로(海驢)를 잡고 있었다고 기록하여 일본인 자신이 우리의 영토임을 입증하고 있다.

4. 총괄적(總括的) 고찰(考察)

이상과 같은 사실(史實)로서 우리는 독도가 우리 영토임을 알았으니 1953년 7월 13일자로 대한민국 주일 대표부에 제시, 발표된 일본 정부의 독도에 관한 견해를 국제법에 비추어 논박하려 한다.

일본 정부가 독도를 일본영토라고 주장하는 논증의 제일은 옛날에 죽도라는 명칭을 가진 섬은 현재의 울릉도를 지칭한 것이고 현재의 죽도는 당시 송도로 알려졌던 것이며 지금까지 양국간에 분쟁이 있었던 것은 울릉도를 말한 것이고 현재의 죽도(독도)는 한번도 문제된 바가 없다는 것이다. 즉 1693년 양국간에 분쟁이 있은 이후 일본관백의 일본인에 대한 죽도출어금지는 그것이 당시의 죽도-울릉도를 말한 것이며 1881년(명치 14년) 한국정부의 항의에 의하여 일본 정부가 죽도의 어업과 채벌을 금지시킨 것도 역시 당시의 죽도는 울릉도를 말한 것이라고 한다. 그러나 이것에 대한 반증은 자명하다. 즉 전술한 안용복(安龍福)의 고사(故事) 외에 1840년 "지볼트"의 지도가 오기되어 그 후 독도를 죽도라고 호칭하게 되었다는 역사적 사실이 있기 때문이다.

일본이 독도를 자국영토라고 주장하는 제2의 논증은 근대 국제법의 승인된 관념에 의하면 일국이 어떤 토지 위에 영토권을 설정하는 요건으로서는 영토권 취득의 의사와 실효적 통치인 실력 행사가 충족되어야 하는데 죽도건에 있어서 일본 정부는 소위 한일합병 전인 1905년 일본 도근현 고시 제40호(島根縣 告示 第40號)로서 은기도사(隱岐島司)의 관할하에 두었으며 동시에 일본인 중정양삼랑(中井養三郞)이 일본 정부의 허가를 얻어 동도에 어부들을 연행(連行) 소옥을 짓고 해로를 어획하였다는 것이다. 그리고 그 후 동도는 제2차대전까지 일본 정부에 의하여 어떤 문제의 야기됨도 없이 유효하게 개척하였다는 것이다. 즉 현대국제법상 영토의 취득이 되는 선점의 요건을 충족시키고 있다고 주장하고 있는 것이다.

다음 일본측이 주장하는 제3의 논증은 패전 일본을 점령한 연합국 최고사령부의 처사(處事)와 대일강화조약(對日講和條約)에 대한 미국무성의 견해의 모호(模糊)를 든다.

1952년 4월 28일에 발효한 대일강화조약 제1장 제5조(a)항에 있어 제주도, 울릉도, 거문도만을 한국영토로 명시하고 독도는 제외하였으니 일본에 귀속시킨 것이라고 주장한다. 이것은 무한한 야망의 노정(露呈)이다. 만약에 상기한 삼도만을 명시적으로 규정하였다 하여 독도는 한국영토가 아니라면 기외(其外)의 무수한 한국연안의 도서는 전부 일본의 영토라는 말인가라고 한국정부는 반박하여 그것은 단지 대표적인 도서를 예시하였음에 불과하다고 하였다. 우리의 헌법은 제4조에 엄연히 주권의 범위를 한반도와 그 부속도서로서 선언하고 있으니 1948년 국제연합에 의하여 승인된 우리의 주권을 망각한 일본측의 왜곡된 해석이라고 밖에 할 수 없다.

다음 이에 더하여 주장하는 것은 1952년 2월에 서명된 미일안전보장조약(美日安全保障條約) 제3조에 따른 미일행정협정에 의하여 설치된 공동위원회에서 1952년 7월 26일 죽도(독도)를 미군의 연습기지로 지정하고 익년 3월 동분과위원회에서 해제한 사실이 있는데 미국은 대일평화조약(對日平和條約)에 주요 서명국이므로 그것은 동도가 일본 영토의 일부라는 사실에 기인한 조치라고 하는 것이다. 그러나 이런 불명사(不明事)는 믿기 어려운 일이며 상술한 바와 같이 1948년 6월 미공군의 오발로 인한 울릉도 어민의 독도 조난사건에 대하여 진사(陳謝)와 배상금전달(賠償金傳達)이 우리 정부와의 사이에 있었으며 6·25사변 이후 이 지역을 폭격연습 목표지역으로 선정함에 있어서도 1951년 5월 이래 경북경찰국을 통해 그 수속이 진행되었고 해제통고도 1953년 우리 정부에 전달되었던 것이다. 이외에도 1946년 1월 29일 연합국 최고사령부는 일본 정부에 대한 "SCAPIN" 제677호로서 독도에서의 정치적 행정적 권력의 시행 또는 시행의 기도를 정지시켰으며(주 : 「세계지리대계(世界地理大系)」 일본편(日本編) 316항(頁) 제170도(圖) 「일본정부 행정관할 지역도 참조(日本政府 行政管轄 地域圖」 參照), 1946년 6월 "SCAPIN" 제1033호 「일본인(日本人)의 포어급포경조업(捕魚及捕鯨操業)에 관(關)한 승인(承認)된 구역(區域)」(소위 맥아더 라인)이라는 각서(覺書)를 발(發)하여 일인(日人)의 선박(船舶) 및 인원(人員)은 금후(今後) 독도(獨島)로부터 12리(哩) 이내에 접근하지 못하며 또는 동도(同島)와는 여하(如何)한 접촉(接觸)도 못하게 하여 독도가 계속 한국의 영토임을 확인하였으니 "카이로", "포스탐" 선언의 정신이 일본을 일본이 침략행동을 시작한 청일

전쟁(淸日戰爭) 또는 노일전쟁(露日戰爭) 이전의 상태로 환원시킨다는 구절이 상기되는 것이다.

1948년 8월 15일 대한민국은 국제연합과 연합국의 승인에 의하여 수립된 주권국가인데 일본정부는 1952년 4월 28일 샌프란시스코 평화조약에 의하여 독립되었다고 주장하고 그 이전에 일본과 관계없이 독립한 것은 국제법 위반이며 전 재한 일인의 재산을 청구하는 것은 당연지사라 주장하여 "카이로" 및 "포스탐" 선언을 모욕하고 한일회담을 정돈(停頓)시켰으나 그것은 별문제로 하고 대한민국은 1910년의 한일합병 이전의 상태로 일본에서 분리되었음에는 이론(異論)이 없으므로 독도가 어느 나라 영토인가 하는 문제는 결국 한일합병 전으로 소급한다. 독도를 한국이 먼저 발견하고 울릉도에 속도로서 관할하여 왔다는 것은 역사상의 제문헌이 증명해 주었으므로 여기서는 적어도 "카이로" 및 "포스탐" 선언, 대일평화조약들을 토대로 한일합병 전의 사실을 국제법에 비추어 그들이 제2의 논증으로 삼는 「선점」의 이론을 고찰해 보려 한다.

일본정부가 1905년(露日戰爭中) 도근현 고시 제40호(島根縣 告示第40號)로서 독도를 일방적으로 자국에 편입시키고 현대국제법상 영토의 취득이 되는 선점의 요건을 충족시켰다고 주장하는데 독도는 현대국제법상 선점의 第1요건인 무주도(無主島)가 아닌 것이며 제2는 무인도와 극지는 비워두었다고 해서 선점의 객체가 되지 아니하니 이조태종 17년 이래 약 280년간 공도정책을 썼다고 해서 영토권의 상실인 포기가 성립되는 것도 아니다. 그것은 선점이 극히 장구했을 때에는 실력행사가 일시 중단된 사실이 있어도 그것을 직시(直時) 포기라고 간주하지 않는 근대국제법상의 사례에 따르는 것이다. 그리고 특히 당시 독도에 대하여는 오랫동안 방임한 사실도 없으며 수시로 수토관(搜討官)을 파견하여 조사한 것이 문헌상에 기록되어 있음은 상술한 바다. 이럼에도 불구하고 무주지가 아닌 독도를 일본영토에 편입하였다는 것은 소위 한일합병 직전의 사실이라 역사상 국제법상 극히 중요시할 사건이다. 왜냐하면 이때에 와서 죽도(독도)를 일부러 도근현에 편입시켰다는 것은 도리어 그때까지 독도가 일본 영토가 아니었다는 것을 스스로 반증하는 것이며 노일전쟁에서 승리한 일본이 대륙침략에 야욕을 품고 이미 확립된 국제법규를 무시하여 선점의 대상이 아닌 독도를 편입함은 타국영토의 탈취를 자백하는 것이기 때문이다.

독도가 우리의 영토였음은 그 후 일본문헌에도 기재되어 있다. 1933년 일본 해군성이 발간한 조선수로지(朝鮮水路誌)와 본주연안수로지(本州沿岸水路誌) 제2권에는 일본해안에 죽도(독도)의 명칭만을 기재하고 조선연안 수로지에 와서 그 위치, 지세, 산물을 상세히 기록했으며 1930년(소화 5년)에 발행한 역사지리(歷史地理) 제55권 제6호에 수재(收載)된 통연설호(樋畑雪湖)의 「일본해(日本海)에 있는 죽도(竹島)의 일선관계(日鮮關係)에 대(對)하여」라는 소논문(小論文)에서도 「죽도(竹島)와 울릉도(鬱陵島)는 지금 조선 강원도(朝鮮 江原道)에 속(屬)하여 조선 영토(朝鮮 領土)로서 일본해 최동단(日本海 最東端)에 위치(位置)하고 있다.」라고 하였다(주 : 법률학상(法律學上) 영토고권(領土高權)은 물권적(物權的) 성질(性質)을 갖는다고 한다. 여기서 보건대 공도정책(空島政策)의 물권적(物權的) 효력(效力)에 관(關)하여 당시(當時)의 법률(法律)을 본다면 1896년 4월에 공포(公布)된 일본민법 물권편(日本民法 物權編)의 소유권(所有權) 사상(思想)은 강력(强力)한 배타성(排他性)을 갖고 탄력성(彈力性), 영구성(永久性)을 갖는다고 해석(解釋)된다. 공도정책이 영토의 완전한 포기는 아니고 단지 통치의 불편으로 시행된 것이지 결코 영토포기의 의사의 표현이라고는 할 수 없음은 본문 중에서 명시하였거니와 독도와 그 모도(母島)인 울릉도는 최소한 이조가 통치할 가능성이 있었다는 점은 탄력성, 영구성에 의하여 물권의 지배가능성이 있다는 점에서 분리되지 않았으므로 확실하다고 본다.).

일본정부는 1905년 이후 독도의 일본 관할이 여태까지 어떠한 문제도 야기된 일이 없었다고 하는데 1906년 은지도사(隱岐島司)가 울릉도(鬱陵島) 군수(郡守) 심흥택(沈興澤)에게 독도가 일본영토이니 조선 어민의 독도 왕래를 금하여 달라고 방언(放言)함에 분개한 그는 그 사실을 「본군소속독도(本郡所屬獨島)」라는 구절을 넣어 상부에 보고하였으나 이때는 벌써 조정은 일본의 독아(毒牙)에 휩쓸려 1904년 2월 23일에는 한일의정서(韓日議定書)가, 동년 8월 22일에는 한일협정(韓日協定)이 체결되어서 한국외교는 일본 고문(顧問)의 수중에 있었으며 일본은 군사상 필요할 시는 한국의 영토를 수용할 수 있었으므로 항의할 기력조차 없는 형편이었다. 그 후 1905년 11월 을사보호조약(乙巳保護條約)이 체결되고 이어 곧 한일합병이 성립하였으므로 이 조정부는 독도 침래(侵來)에 대한 항의의 기회를 영원히 잃고 말았다.

상술한 바로 보아 1905년 무주지가 아닌 독도가 금후 일본의 영토로 되었다고 방언한 그 사실 자체는 원래 이 도서가 구한국의 소속임을 자인한 것으로 한일합병 직전의 독도는 일시 일본에 침탈되었던 것이며 무주가 아닌 토지에 선점을 주장하는 선점은 선점 그 자체가 국제법의 위반이니 선점의 이론은 도리어 우리가 주장하여야 할 것이다. 그것은 선점의 유효요건인 영토권취득의 의사와 통치가 이조정부의 세력범위 내에 있었음을 역사적 사실이 증명하기 때문이다.

이상으로서 어떤 국가가 국제사회의 구성원이 되기 전에 그 영토를 어떻게 하여 취득하였는가는 역사적 사실에 이르고 있는 것이 국제법의 규칙이고 그것은 독도가 엄연히 한일합병의 직전까지 우리의 영토였음을 확인하였다.

본래 법이라는 것은 타협의 산물이며 타협없이 싸움만 일삼는 투쟁관계 속에서는 법은 생겨날 수가 없고 서로 상대방을 승인하고 타협할 수 있는 생활관계 속에서만 생장할 수 있는 것이다. 이것은 국내법은 물론 국제법에서는 더욱 그러하다. 특히 근대적 국제사회에서는 자주성을 요구하는 주권국가가 국제법의 주체가 되어있으므로 이러한 국가들을 규율할 수 있는 국제법은 대립되어 있는 실력과 실력의 균형을 "캣취"하여 그 국가가 승인하는 것이어야만 하고 그렇게 함으로써만 국제법은 두 국가사이를 규율할 수 있고 법으로서 성립될 수가 있는 것이다. 만일 한쪽이라도 반대한다면 여기에는 투쟁관계는 있을지언정 법은 있을 수 없다.

이런 점으로 보아 구미 각국의 세계 영토 쟁탈전에서 발달한 선점의 이론을 들고 독도의 영유를 논하는 것은 일본이 한일관계의 제문제를 해결함에 있어 이성을 결한 소치라고 밖에 볼 수 없다. 특히 최근 동경대학(東京大學)의 횡전희삼랑(橫田喜三郞) 교수와 함께 일본 국제법학계의 쌍벽인 경도대학(京都大學)의 전강양일(田岡良一) 교수가 「일한문제 해결방안(日韓問題 解決方法)」이란 소논문(小論文)에서 한국의 독도영유 및 "이(李)라인"의 불법성을 지적하고 한국을 오지리(墺地利)와 대비하여 독일의 일부분이었던 오스트리아[墺地利]가 2차대전 후 패전국의 취급을 받고 있었던 것 같이 한국도 마땅히 일본과 함께 패전국 취급을 받아야 한다고 한 망발에는 격분을 금할 수 없다.

최근의 한일관계는 악화일로에 있다. 일본정부의 "히스테리칼"한 배한정책(排韓政策)과 구산내각(鳩山內閣) 이후의 적성국가(赤性國家) 특히 북한괴뢰(北韓傀儡)와의 통상교역(通商交易) 등 이성(理性)과 침착(沈着)을 상실(喪失)한 듯한 소행은 민주와 자유의 탈을 쓰고 과거의 우월감을 탈피 못한 채 침략국가로서의 전철을 되풀이하려는 것 같다. 단기 4286년(1953년) 10월 제3차 한일회담 재개를 전후하여 독도를 시찰한 일본 모국회의원은 일본이 군사력을 증강하지 않는 한 독도는 물론 대마도조차 영유키 어려울 것이라고 하였다니 그의 의도를 가히 짐작할 수 있는 것이다.

그러나 독도는 선점의 이론으로나 역사적 사실로나 다만 암석으로 구성되어서 사람이 안주하지 못하였을 뿐 울릉도 어민이 출어하여 체재하고 울릉도의 속도로서 관리되어 한국정부가 행정하여 왔으므로 우리의 영토이다. 일본이 국제법상의 이론으로부터 일탈하여 한국이 준연합국의 대우를 받는 이유가 명확히 이해되지 않는다면 그것은 이론적인 착잡성(錯雜性)에서가 아니라 종래의 자존심이나 군국주의적 야심, 전통적 이론의 기계적 적용 등이 그것을 허용치 않기 때문일 것이며 이것은 벌써 이론으로서 구명할 수 없는 정치적 복선을 내포

한다. "카이로"선언(1943년), "얄타"협정(1945년), "포츠담"선언(1945년) 등은 현대 국제법상의 일반적 원칙으로서 2차 대전 후 실효적으로 유효한 선언이었기에 이러한 국제적 불법성을 가진 침략행위로 인하여 일본이 취득한 영토 즉 대만, 조선, 화태(樺太) 등등을 일본 치하에서 분리시켰으니 독도도 당연히 이런 선언에 의하여 한국에 반환되어야 하며 자주독립 후 한국은 실효적으로 독도를 관할하기 위하여 동도에 경찰력을 배치하고 수산자원을 보호하는 동시 등대를 설치하여 세계 각국에 통고하고 있으니 동도에 대한 우리의 지배는 적법의 요건을 충족시키고 있다. 우리 정부는 우리의 주권을 사수하고 독도에 대하여 배타적 지배권을 보호하기 위해서 좀 더 강경한 시정(施政)이 있을 줄로 믿는다.

K의 삶

2014년 9월 15일 인쇄
2014년 9월 25일 발행

지은이 / 김려성
발행인 / 박진환
펴낸곳 / 조선문학사
등록번호 / 1-2733
주소 / 120-853 서울 서대문구 통일로 389(홍제동)
전화 / 02-730-2255
팩스 / 02-723-9373

ISBN 978-89-98115-88-3

정가 10,000원